ANDREA SCHWARZ
Wie ein Gebet sei mein Leben

ANDREA SCHWARZ

Wie ein Gebet sei mein Leben

EXERZITIEN IM ALLTAG

HERDER

FREIBURG · BASEL · WIEN

2. Auflage 2003
Umschlaggestaltung: Finken & Bumiller, Stuttgart

Alle Rechte vorbehalten – Printed in Germany
© Verlag Herder Freiburg im Breisgau 2002
www.herder.de

Druck und Bindung: fgb · freiburger graphische betriebe 2003
www.fgb.de
Gedruckt auf umweltfreundlichem,
chlor- und säurefrei gebleichtem Papier
ISBN 3-451-27868-5

In meiner Arbeit darf ich immer wieder
mit großer Freude erleben
welch große Anzahl von Menschen ehrenamtlich
in der katholischen Kirche mitarbeiten
manchmal ohne ein Danke
oft hinter den Kulissen
immer jedoch mit großem Engagement

Als kleines Zeichen der Verbundenheit
mag ich ihnen allen dieses Buch widmen
in der Hoffnung
dass sie es als Ermutigung verstehen
und als Vergewisserung
dass die Mitarbeit in unserer Kirche
durchaus Freude macht und machen darf

Stellvertretend für sie alle
mag ich denen danke sagen
die in den Gemeinden
St. Hildegard und St. Michael in Viernheim
ehrenamtlich mitarbeiten
und diejenigen wissen schon
wer gemeint ist
sie sind es
die Glauben und Gemeinde lebendig machen

einer sei aber doch namentlich erwähnt
Angelo Stipinovich
danke für dein Mitgehen auf diesem Weg
und danke für all
dein ehrenamtliches Engagement
über deinen Dienst hinaus

ANDREA SCHWARZ

Inhalt

Vorwort

Lieber Leser, liebe Leserin,
manchmal gibt es Zeiten im Leben, da spürt man, dass da etwas in einem wächst, nach Veränderung drängt und seinen Raum will. Da drängt es einen, in den gewohnten Alltagsablauf einen anderen Akzent hineinzubringen. Da gibt es Zeiten, in denen man bereit ist, sich zu fragen – und sich den Fragen zu stellen. Aus welchen Gründen auch immer ...

Dann kann es gut tun, sich eine »Aus-Zeit« zu nehmen, um sich neu auf das zu besinnen, was wirklich wichtig ist, was mir zum Leben dient. Quer durch alle Zeiten, Kulturen und Religionen wussten und ahnten die Menschen darum, wie wichtig es sein kann, für eine begrenzte Zeit aus dem gewohnten Alltag »auszusteigen« – um sich selbst und sein Leben neu zu ordnen, sich wieder zu orientieren, Kraft für den nächsten Schritt hin zum Leben zu gewinnen.

Die klassische Form im christlichen Bereich ist dafür die der »Exerzitien«, d.h. man zieht sich für eine bestimmte Zeit an einen geistlich geprägten Ort zurück, in der Regel in ein Kloster. Dort, fern vom Alltag, kann man die Zeit, die Ruhe und den Raum finden, um sich auf die »inneren Wege« zu konzentrieren. Dies geschieht durch bestimmte »Übungen« mit einem Wegbegleiter zusammen, einem »geistlichen Begleiter«. Mit dieser Form der »klassischen Exerzitien« ist untrennbar der Name von Ignatius von Loyola verbunden, der Gründer des Jesuitenordens, nach dessen Regeln und Prinzipien heute noch weltweit Exerzitien geleitet und angeboten werden. Und an dem Wert solcher Exerzitien kann und soll, auch mit diesem Buch, überhaupt nicht gerüttelt werden.

Was aber, wenn die Zeit, die Kraft, vielleicht auch der Mut, nicht ausreichen, sich für fünf, zehn oder gar vierzig Tage, die »Großen Exerzitien«, in ein Kloster (und damit heute auch für viele eine »fremde Welt«) zurückzuziehen? Was, wenn familiäre oder berufliche Situationen wirklich gegen eine solche Form der »klassischen Exerzitien« sprechen? Es kann ja wohl nicht sein, dass es dann keine anderen Formen der »Aus-Zeit« gibt, die es auch der berufstätigen Mutter mit zwei Kindern, dem Software-Entwickler, einem Handwerksmeister oder auch einem Seelsorger möglich macht, für eine begrenzte Zeit den Alltag ein wenig anders zu gestalten, um neu auf die Spur des Lebens zu kommen.

Mich hat Johannes Bours, der große geistliche Schriftsteller und lange Jahre Spiritual des Priesterseminares in Münster, in einem seiner Bücher auf eine interessante Fährte gelockt. Er weist darauf hin, dass wir das Wort »exerzieren« auch aus dem militärischen Bereich kennen. Im Mittelalter lebten die Menschen in Burgen – und wenn die Soldaten das einüben wollten, was sie für den Kriegsfall an Können brauchten, mussten sie die Burg verlassen und auf einen »Exerzierplatz« gehen, um zu üben.

Auch das könnte ein Bild für »Exerzitien« sein: Ich komme »aus meiner Burg heraus und übe etwas ein«. Ich verlasse für eine begrenzte Zeit den Schutz meiner Gewohnheiten, meiner Selbstverständlichkeiten, probiere etwas Anderes, lasse, was ich sonst tun würde, tue das, was ich sonst nicht täte. Und bei aller Wertschätzung der klassischen Exerzitien-Formen würde dann eigentlich nichts dagegen sprechen, neue Formen zu entwickeln, wie auch heute für ganz normale Menschen eine solche »Aus-Zeit« denkbar und gestaltbar wäre. Und mag sein, wenn ich dann in meine »Burg« zurückkehre, dass ich anders zurückkehre ...

In den letzten Jahren hat unter dem Namen »Exerzitien im Alltag« eine neue Form einen festen Platz in vielen Gemeinden und Gruppen gewonnen. Es ist eine Einladung, sich mitten im eigenen Alltag durch Impulse, Texte und Anregungen auf einen Weg mit Gott zu machen. Während eines bestimmten Zeitraumes, oft in der Fasten- oder Adventszeit, nehmen Menschen sich regelmäßig etwa eine halbe Stunde Zeit am Tag und machen sich auf einen Weg zu sich, zu Gott und der Welt.

Man kann darüber streiten, ob eine solche Form den Namen »Exerzitien« für sich in Anspruch nehmen darf. Dort, wo sie von Inhalt und Gestaltung her dem Ziel dient, Menschen zu sich, zu Gott und dem Leben zu führen, denke ich, darf auch eine andere als die klassische Form durchaus den Namen tragen.

Deshalb haben wir für dieses Buch den Untertitel »Exerzitien im Alltag« bewusst gewählt, auch wenn die in diesem Buch vorliegenden Impulse nicht streng »klassisch« aufgebaut sind in dem Sinn, dass bestimmte Schritte aufeinander folgen. Der »rote Faden«, der durch die Tagesimpulse führt, ist ein thematischer, nämlich das »Beten« – und dies wird sich häufig genug als »bunt« erweisen!

Damit wird dieses Buch nicht nur zu einem Begleiter durch eine bestimmte gestaltete Zeit für einen ganz persönlich – sondern kann auch ganz unabhängig davon als Fundgrube für Impulse in Pfarrgemeinderäten, Pastoralteams und bei thematisch gestalteten Abenden dienen. Oder man kann sich ganz einfach lesend mit dem Thema »Beten« auseinander setzen ...

Wir haben diese »Exerzitien im Alltag« hier in Viernheim in der Adventszeit 2000 durchgeführt. Aufgrund der Erfahrungen und Rückmeldungen der Teilnehmer wurden die Impulse teilweise überarbeitet und um drei Impulse ergänzt, um von der etwas unorthodoxen Zahl »37«, die damals durch die Adventszeit und Weihnachtszeit vorgegeben war, auf die biblische Zahl »40« zu kommen.

Es ist ein Buch, das in Viernheim und ursprünglich für Viernheim entstanden ist. Aus diesem Grund geht auch ein Teil des Erlöses dieses Buches an das »Haus des Lebens« in Viernheim, eine Einrichtung, die Anlaufstelle sein will für Frauen, die in Schwangerschaftskonfliktsituationen vor einer Entscheidung stehen. Falls Sie an dieser Institution näher interessiert sein sollten, finden Sie eine Kurzbeschreibung im Anhang dieses Buches.

Und jetzt freue ich mich einfach auf einen gemeinsamen Weg mit Ihnen, 40 Tage weit – zum Thema »Beten«.

Möge Gott Sie, mich und uns auf diesem Weg begleiten!

ANDREA SCHWARZ

P.S.: Da diese »Exerzitien im Alltag« im katholischen Umfeld entstanden sind, gehe ich bei manchen Impulsen von der Einheitsübersetzung und dem »Gotteslob«, dem Katholischen Gebet- und Gesangbuch, aus. Falls Ihnen diese beiden Bücher nicht zur Verfügung stehen sollten, müssten Sie die Impulse entweder sinngemäß auf Ihnen vorliegende Bibelübersetzungen oder andere Gebet- oder Gesangbücher übertragen. Oder vielleicht leiht Ihnen auch jemand von einer katholischen Gemeinde die beiden Bücher aus?

1

Praktisches

Fragen und mögliche Antworten

Grundsätzlich ist zu sagen, dass es keine allgemeingültigen »Rezepte« gibt, die für alle und jeden und unter allen Umständen gelten. Jeder muss »Seines« finden. Aber es gibt Erfahrungen darüber, was hilfreich sein kann – und es lohnt sich durchaus, es mit diesen Erfahrungen einmal zu probieren. Wichtig ist es vor allem, sich nicht zu verkrampfen und sich auf gar keinen Fall unter einen Leistungsdruck zu stellen. Es gibt Tage, da gelingt es einem besser, ruhig zu werden, an anderen eben nicht ganz so gut. Sollten Sie an einem Punkt Schwierigkeiten haben, fragen Sie einen Seelsorger oder eine Seelsorgerin in Ihrer Gemeinde oder sprechen Sie es in Ihrer Gesprächsgruppe an, sofern Sie mit anderen zusammen diese »Exerzitien im Alltag« machen.

Kann jeder mit diesen Impulsen arbeiten?

Eigentlich schon – die Impulse sind bewusst so angelegt, dass man nicht studiert haben muss, um sich auf einen solchen Weg zu machen. Und sie enthalten auch keine Elemente, die irgendetwas »herauskitzeln« oder »-locken« wollen. In der Regel haben die Menschen eine »gesunde« Hemmschwelle, was sie an sich heranlassen oder eben nicht – wenn sie nicht durch bestimmte Methoden dazu verführt werden, einen Schritt über eine Grenze zu gehen, den sie eigentlich nicht gehen wollen. Solche Methoden sind in den Impulsen dieses Buches nicht enthalten. Es mag sein, dass manchen deshalb diese Impulse etwas zu »kopf- und wortlastig« erscheinen – aber das ist zugleich der Schutz für Sie als Leser und Leserin.

Das mag nicht ausschließen, dass Sie der eine oder andere Text, die eine oder andere Frage Sie aufgrund Ihrer persönlichen Lebenssituation besonders berührt – aber das muss ja erst mal nicht schlecht sein.

Ist ein besonderer Zeitpunkt für die »stille zeit« gut?

Wichtig wäre es, dass Sie sich einen Zeitpunkt wählen, an dem Sie selbst wach und aufmerksam sein können. Wann das der Fall ist, hängt jeweils von den einzelnen Menschen ab – manche bevorzugen eine ruhige Stunde am Morgen, für andere bietet sich eher der Abend an. Hilfreich wäre es, wenn Sie sich diese Zeit jeden Tag etwa zur gleichen Stunde nehmen könnten – es hilft, in einen Rhythmus hineinzukommen. Und gut wäre es, wenn es darüber hinaus eine Zeit sein könnte, in der Sie mit wenig Außenstörungen rechnen müssen.

Wenn Sie mit anderen Menschen zusammenwohnen, kann es hilfreich sein, vorher mit ihnen darüber zu sprechen und sie zu bitten, dass sie nach Möglichkeit Ihre »stille zeit« respektieren und Sie nicht unterbrechen. Manchmal kann ein einfacher Zettel »Bitte nicht stören!« an solche Vereinbarungen erinnern.

Die Tagesimpulse sind jeweils auf den Morgen hin formuliert, d. h. oft wird Ihnen eine Anregung mitgegeben, was man konkret an diesem Tag machen oder worauf man achten könnte. Wenn Sie erst am Abend zu Ihrer »stillen zeit« kommen, dann nehmen Sie es sich einfach für den kommenden Tag vor.

Was mach ich mit Außenstörungen wie Telefon oder Türklingel?

Am besten wäre es, sie wirklich ganz abstellen zu können bzw. den Anrufbeantworter einzuschalten. Manchmal kann auch ein Kissen oder eine Decke über dem Telefon hilfreich sein – wenn man es schon nicht einfach klingeln lassen kann. Deshalb kann die Wahl des entsprechenden Zeitpunktes wichtig sein – oder eventuell die Wahl eines Ortes, an dem Sie für andere einfach nicht erreichbar sind, z. B. das kleine Zimmerchen unter dem Dach oder auch eine Kirche.

Manchmal ist es einfacher, einer solchen Störung nachzugeben, und es anschließend in einem zweiten Anlauf noch einmal zu probieren, anstatt eine halbe Stunde lang darüber nachzudenken, wer denn möglicherweise was von einem gewollt haben könnte – und gerade deshalb nicht mehr zur Ruhe zu kommen. Aber noch besser wäre natürlich ein Ort, eine Zeit, bei der Sie nicht mit Außenstörungen rechnen müssen.

Und was mach ich mit den »Innenstörungen«, also mit all dem, was mir durch den Kopf schießt, obwohl ich gerade jetzt nicht dran denken will?

Oberste Grundregel: Sich nicht darüber ärgern!! Je mehr Sie sich darüber ärgern, desto mehr verkrampfen Sie sich – und umso mehr störende Gedanken kommen Ihnen! Am besten einfach lassen – kommen lassen und gehen lassen, so wie ja auch ein Zug oder ein Auto vorbeifährt. Manchen Menschen hilft es, in Griffweite einen extra Zettel und einen Stift zu haben, und wenn ihnen etwas in den Kopf kommt, es grad aufzuschreiben. Damit ist es festgehalten – und man braucht sich jetzt nicht mehr darum zu kümmern, sondern kann es in aller Ruhe anschließend tun. Und wenn Ihre Gedanken von dem Thema oder der Frage, mit der Sie sich gerade beschäftigen möchten, immer wieder abschweifen, dann holen Sie sie einfach ganz liebevoll immer wieder zurück. Auch still und ruhig zu werden braucht heutzutage ein wenig Übung.

Sind irgendwelche Orte besonders hilfreich für die Durchführung?

Wie schon gesagt – gut sind alle Orte, an denen Sie vor Außenstörungen weitestgehend abgeschirmt sind. Natürlich sollte es dabei ein Ort sein, an dem Sie sich wohlfühlen – und den Sie sich vielleicht auch ein wenig hübsch herrichten könnten für diese Zeit, mit einer Kerze, einem Bild, einer Blume, einem Kreuz ...

Und in welcher Körperhaltung mach ich die »stille zeit«?

Gut wäre eine Haltung, in der der Atem gut fließen kann – und das gelingt am besten, wenn der Oberkörper aufrecht ist. Das erreicht man entweder beim Sitzen auf einem festen Stuhl, beide Füße auf dem Boden aufstellend, oder beim »Knie-Sitzen« auf einem Meditationshocker. Eine Kirchenbank, so unbequem sie manchmal auch zu sein scheint, ist in aller Regel sehr gut geeignet – wenn man die Füße nicht gerade auf der Kniebank abstellt und den Oberkörper nach vorne zieht. Weniger geeignet ist das gemütliche Sofa, wenig hilfreich sind übergeschlagene Beine, sondern unterstützend ist eine Haltung, in der ich »sein« kann, auch über einen längeren Zeitraum hin. Sollten Sie mit der Haltung Schwierigkeiten haben, dann sprechen Sie es doch kurz in Ihrer Gesprächsgruppe an, sofern Sie mit anderen diesen Weg gehen; dann können Sie untereinander Ihre Erfahrungen austauschen.

Ja – und wie läuft das Ganze nun ab?

Jede »stille zeit« hat drei Elemente. Es gibt eine Einstiegsübung zum Beginn, die einem helfen soll, sich auf die »stille zeit« einzustellen, einen Impuls für den jeweiligen Tag; wer mag, kann dann dazu ein paar Gedanken oder Worte aufschreiben – und die »stille zeit« endet mit einem Abschlussgebet oder einem kleinen Abschlussritual. Bei den Einstiegs- und Abschlussübungen können Sie aus mehreren auswählen; die Einstiegsübungen finden Sie im *zweiten* Kapitel des Buches, die Abschlussübungen im *vierten* Kapitel. Hilfreich wäre es auch hier, wenn Sie nicht jeden Tag die Art des Einstiegs oder Abschlusses wechseln, sondern mindestens für eine Woche beibehalten – und sich gegebenenfalls dann erst auf eine andere Methode einlassen. Aber auch hier gilt: Es muss für Sie passen und stimmig sein – und wenn Sie für sich eine bessere Übung haben, wie Sie Ihre »stille zeit« beginnen oder beenden, dann nehmen Sie ruhig diese.

Also noch einmal in Kurzfassung: Sie suchen sich eine Einstiegsübung aus, nehmen den jeweiligen Tagesimpuls aus dem *dritten* Kapitel und beenden Ihre »stille zeit« mit einer Abschlussübung. Hilfreich wäre es, sich einige leere Blätter und einen Stift, oder, noch besser, ein extra Schreibheft für die »stille zeit« zurecht zu legen, in dem Sie Ihre Gedanken notieren können.

Ich bleib beim Impuls an irgendeiner Stelle hängen ...?

Dann bleiben Sie an dieser Stelle halt hängen ... – dann ist sie möglicherweise wichtig für Sie oder es berührt Sie etwas. Es geht ja eben nicht darum, ein Programm abzuarbeiten, sondern sich von einem Wort, einem Bild, einer Frage, einem Gedanken berühren zu lassen. Das, was da sonst noch beim Tagesimpuls aufgeschrieben ist, läuft Ihnen ja nicht weg, das können Sie auch später noch mal nachlesen. Ignatius von Loyola sagt: »Nicht das Vielwissen sättigt die Seele, sondern das Verkosten der Dinge von innen her.«

*Und was mach ich, wenn ich an einem Tag wirklich nicht
zu meiner »stillen zeit« komme?*

Schön wäre es natürlich schon, wenn Sie Ihre »stille zeit« jeden Tag
möglich machen könnten – aber wenn es mal wirklich nicht klappen
sollte, dann ist es auch kein Drama. Dann überschlagen Sie am dar-
auffolgenden Tag einfach den entsprechenden Impuls und »klinken«
sich wieder in den aktuellen Stand ein. Wenn Sie irgendwann später
Zeit und Lust haben, können Sie dem »entgangenen« Impuls ja noch
mal nachspüren.

*Kann man die »stille zeit« auch alleine machen oder geht das nur
mit einer Gruppe?*

Die »stille zeit«, die Sie sich nehmen, nehmen Sie sich erst mal ganz
für sich alleine. Denkbar und hilfreich kann es sein, sich mit anderen, die für sich auch diese »stille zeit« machen, einmal in der Woche
zu einem Gespräch zu treffen und die Gedanken und Erfahrungen
auszutauschen. Sie können ja in Ihrer Gemeinde mal herumhören,
ob auch andere dazu Lust und Interesse hätten. Oder Sie fragen die
Seelsorger in Ihrer Gemeinde, ob sie vielleicht ergänzende Gesprächs-
gruppen anbieten würden.

Sehr bewusst sind diese »Exerzitien im Alltag« aber so konzipiert,
dass man sich auch alleine auf den Weg machen kann. Vielleicht finden Sie in Ihrer Umgebung ja jemanden, der Ihnen gelegentlich für
ein Gespräch oder bei Fragen zur Verfügung steht? Das wäre natürlich eine schöne Unterstützung!

40 Tage – das ist eine lange Zeit! Muss man denn alles am Stück
machen? Und welche Zeit im Jahr bietet sich denn dafür an?

Sie haben schon recht – 40 Tage sind eine lange Zeit! Vielleicht kann folgender Gedanke hilfreich sein: Sie brauchen sich ja nicht gleich für die ganzen 40 Tage zu entscheiden – Sie können ja sagen: Ich mach das mal eine Woche – und dann kann ich mich neu entscheiden! Manchmal hilft es, »große Vorhaben« in kleine Schritte aufzuteilen.

Was die Jahreszeit angeht, so bietet sich die Advents- und Weihnachtszeit an – vom 1. Dezember bis zum 6. Januar sind es auf jeden Fall 37 Tage – und manchmal fängt der Advent ja auch schon vor dem 1. Dezember an.

Auch die Fastenzeit mit ihren 40 Tagen ist eine gute Zeit – doch Achtung: In der Fastenzeit gehören die Sonntage nicht zur Fastenzeit dazu! (Sonst käme man gar nicht auf die Zahl 40!)

Ansonsten – die Impulse sind jahreszeitlich völlig unabhängig gestaltet, sodass sie im Hochsommer genauso gut durchführbar sind wie in den kälteren Jahreszeiten wie Advent oder vor Ostern. Man kann sich auch durchaus im Herbst solch eine bewusst gestaltete Zeit nehmen.

Und noch einige Hinweise oder Bitten

Natürlich ist die Versuchung groß, schon mal umzublättern und in die Texte vom nächsten Tag einen Blick hineinzuwerfen. Unsere Empfehlung lautet aber trotzdem, es besser nicht zu tun! Sie nehmen sich selbst etwas weg, indem Sie sich »verzetteln« und dann mehreres zugleich »im Kopf haben«. Die Impulse sind jeweils so konzipiert, dass sie in aller Regel für einen Tag mehr als genug »Stoff« bieten, jedes »Mehr« würde wiederum etwas wegnehmen. Deshalb: lieber die Spannung ein bisschen aushalten und den Impuls vom morgigen Tag morgen anschauen – beim Adventskalender machen Sie ja auch nicht schon am 3. Dezember das Türchen von Heiligabend auf ...

Es mag vorkommen, dass Ihnen einmal ein Tagesimpuls inhaltlich überhaupt nicht »liegt«. Das kann gut sein. Sie könnten dann die Gelegenheit nutzen und vielleicht etwas »nacharbeiten«, was Sie zu einem früheren Zeitpunkt überschlagen haben oder was Sie besonders berührt hat. Die Reihenfolge der Impulse ist zwar schon bewusst so ausgewählt, aber auch nicht unbedingt zwingend.

Es könnte aber auch für Sie spannend sein, einmal zu überlegen, warum Sie gerade mit dem Tagesimpuls wenig anfangen können und ob Sie das möglicherweise auf etwas hinweisen will.

Grundsätzlich gilt: Setzen Sie sich nicht unter Leistungsdruck und verabschieden Sie sich von festen Erwartungen, was während der »Exerzitien im Alltag« passieren sollte. Wenn Sie wichtige Erfahrungen machen, dann sind dies immer Geschenke – und Geschenke kann man nicht einfordern. Genauso wenig kann man bestimmen, wie ein Geschenk auszusehen hat. Die Zusage gilt: »Suchet – und ihr werdet finden!« – aber es wird nicht dazu gesagt, ob das, was ich finden werde, das ist, was ich gesucht habe. Wenn ich zu sehr auf etwas fixiert bin, was ich »finden will«, dann kann es gut sein, dass ich neun andere Geschenke gar nicht mitbekomme.

Gehen Sie liebevoll mit sich um! Sie müssen Gott nicht beweisen, dass Sie gut sind – und Sie müssen es auch keinem anderen, auch nicht sich selbst beweisen! Sie sind niemandem Rechenschaft schuldig über das, was Sie in und mit diesen »Exerzitien im Alltag« erleben! Liebevoll mit sich selbst umgehen heißt auch: sich und die eigenen Erfahrungen wichtig nehmen und selbstverantwortlich entscheiden, wem Sie eventuell was erzählen wollen!

Und: Es muss nichts dabei »rauskommen«! Vielleicht ist es einfach schon wichtig, dass Sie sich entschieden haben, sich auf einen solchen Weg einzulassen – und ihn, so weit wie es Ihnen möglich ist, zu gehen. Vielleicht ist es einfach schon wichtig, dass Sie damit eine Entscheidung getroffen haben, sich selbst und Gott ernst zu nehmen ...

Trotzdem: Muten Sie sich ruhig auch etwas zu! Gerade ein geistliches Leben braucht auch Übung, braucht ein gewisses Maß an Disziplin, braucht auch »Langeweile« und Routine. Es braucht die Auseinandersetzung mit Gedanken, die mir grad nicht so liegen; es braucht manchmal auch die Konfrontation mit meinem eigenen Dunkel. Wählen Sie nicht unbedingt den Weg des Flüchtens oder des geringsten Widerstandes!

Ganz praktisch: Ab und an werden Sie gebeten, schon etwas am Vortag für den Impuls am nächsten Tag vorzubereiten, zurechtzustellen oder zu richten. Das soll dabei helfen, dass Sie am kommenden Tag gut in den Impuls »hineinkommen« können und nicht während der »stillen zeit« aufstehen und etwas suchen müssen.

Und nun: Ihnen eine gute »stille zeit«!

Wenn sich in dir alles zubereitet,
wenn der Ton stimmt,
der durch deine Knochen und Innereien zieht,
wenn dir Worte wie Offenbarungen kommen,
wenn es klingelt und jemand sagt:
Ja, du, ich will auch, ich will;
wenn im Blick nach rechts und links
deine Sicherheit nicht ganz verschwindet,

wenn deine anderen Pläne
wie verjährte Anklagen von dir abfallen,
wenn deine Hände und Füße
anfangen zu denken,
wenn du dich leuchten spürst,
wenn alte Ketten zu Luft werden,
wenn man dich fragt
und du dich wunderst,
dass man dich fragt,
wenn dir aufgeht,
dass du hier schon einmal warst,
wenn du keinen anderen Weg mehr siehst
als den unbegangenen,
wenn dein Körper in seiner Energie summt,
wenn du willst, willst, willst,
wenn auch mit Angst,

dann ist es Zeit:
Nimm dich ernst.
Werde einseitig.
Nimm Abschied
(aber mach es kurz,
sonst bleibst du).

Hier wird nichts klarer.
Mehr wirst du nur sehen,
wenn du losgehst,
weil alles andere
hinter der Krümmung der Erde liegt.

Geh doch los.

ULRICH SCHAFFER

2

Der Beginn der »stillen zeit«

Gebete, Texte, Übungen
für den Beginn der »stillen zeit«

Es ist hilfreich, einen bewussten Anfang zu setzen und nicht einfach so in die »stille zeit« hinein »zu rutschen«. Das könnte z. B. so ausse-hen, dass ich bewusst meinen Platz einnehme, eine Kerze anzünde, das Kreuzzeichen mache, einfach still werde oder ein Gebet spreche. Dabei kann es hilfreich sein, das Gebet laut zu sprechen, dort innezuhalten, wo mich etwas berührt, die Worte »nachschmecken« zu lassen ...

Solche Gebete könnten sein:

> Hier bin ich, Gott, vor dir, so wie ich bin –
> mit meiner Sehnsucht, meiner Hoffnung, meiner Freude,
> meinem Ärger, meiner Müdigkeit ...
> Hilf mir zu sehen, was du mir zeigen möchtest,
> zu hören, was du mir sagen möchtest,
> zu spüren, dass du mit mir gehst und bei mir bleibst.
> So bin ich jetzt vor Dir.
> QUELLE UNBEKANNT

oder:

> Ich sitze vor dir, Gott,
> aufrecht und entspannt.
> In diesem Augenblick
> lasse ich alle meine Pläne,
> Sorgen und Ängste los.
> Ich lege sie in deine Hände.
> Herr, ich warte auf dich.
> Du kommst auf mich zu.

Du bist in mir, durchflutest
mich mit deinem Geist.
Du bist der Grund meines Seins.
Öffne mich für deine Gegenwart,
damit ich immer tiefer erfahre, wer du bist
und was du von mir willst.
Amen.

NACH DAG HAMMARSKJÖLD

oder:

Gott, öffne mir die Augen,
mach weit meinen Blick und mein Interesse,
damit ich sehen kann,
was ich noch nicht erkenne.
Gott, öffne mir die Ohren,
mach mich hellhörig und aufmerksam,
damit ich hören kann,
was ich noch nicht verstehe.
Gott, gib mir ein vertrauensvolles Herz,
das sich deinem Wort und deiner Treue überlässt
und zu tun wagt,
was es noch nicht getan hat.
Gott, ich weiß, dass ich nur lebe,
wenn ich mich von dir rufen
und verändern lasse.
Amen.

NACH WILLI LAMBERT

oder:

Ich bin da –
in diesem Raum,

auf diesem Platz,
in meinem Leib,
in meinem Atem.
Ich bin da vor Gott.
Ich brauche nichts zu tun.
Ich darf in seiner Gegenwart sein.
Ich darf ihm überlassen, was mich bedrückt;
ihm überlassen, was mich freut.
QUELLE UNBEKANNT

oder:

Schweigen möchte ich, Herr,
und auf dich warten.
Schweigen möchte ich, Herr,
und unter den vielen Worten
Dein Wort hören.
Schweigen möchte ich und erkennen,
dass du ein Wort für mich hast.
Amen.
QUELLE UNBEKANNT

oder:

Mich loszulassen, Herr, bin ich hier:
Aus meiner Verspannung, aus meiner Verstrickung,
aus meiner Verkrampftheit,
mit der ich mich selbst festhalten will,
und doch verliere.

Mich niederzulassen, Herr, bin ich hier:
In meine Mitte, in meine Tiefe, in meinen Grund.

Dorthin, wo ich an dich grenze,
wo mein Leben an dein Leben rührt.

Einszuwerden, Herr, bin ich hier:
Mit dem Boden, mit der Erde,
in der ich wurzeln kann und die mich trägt:
DU.
Neuzuwerden, Herr, bin ich hier:
Aus deiner Kraft, aus deiner Liebe,
aus deinem Geist, mit dem du mich durchflutest,
und Leben in Fülle schenkst.
ALOIS ALBRECHT

Mit dem Anfangsgebet lasse ich mich auf die »stille zeit« und den Impuls ein. Ich lasse die Stille in mir wachsen, indem ich mich zunehmend von außen nach innen wende, in mich hineinhöre, die Geräusche um mich herum wahrnehme, aber vorbeiziehen lasse, meine Gedanken kommen und gehen lasse. Eventuell kann es hilfreich sein, die Augen zu schließen. Ich nehme mich wahr, wie ich sitze, wie ich Kontakt mit dem Stuhl oder dem Hocker und dem Erdboden habe, wie mein Atem geht. Ich mache mir bewusst, dass ich jetzt da bin, dass ich Zeit für mich und für Gott habe. Wenn mir etwas ganz Wichtiges einfällt, was ich auf keinen Fall vergessen will, schreibe ich es auf – und wende mich dann wieder mir zu. Ich versuche, alles sein zu lassen.

Wenn ich unruhig werde, weil ich die Stille schwer aushalte, dann nehme ich diese Unruhe einfach wahr, auch sie darf sein, ist ein Teil von mir. Es kann helfen, mit meiner Unruhe kurz »ins Gespräch zu kommen«: »Ja, ich weiß, du bist auch da, ich habe dich wahrgenommen. Warte einfach ein bisschen, auch Du darfst jetzt zur Ruhe kommen.«

Ich darf jetzt einfach da sein – ich muss nichts leisten. Ich darf einfach so da sein, wie ich bin.

Wenn ich das Gefühl habe, dass es jetzt für mich stimmt, mich auf den Tagesimpuls einzulassen, schlage ich die entsprechenden Texte im dritten Kapitel auf.

Grundsätzlich

»Wenn dein Herz wandert,
bring es behutsam an seinen Platz zurück,
und versetze es sanft in die Gegenwart deines Herrn.

Und selbst, wenn du in deinem Leben nichts anderes
getan hast,
außer dein Herz zurückzubringen

und wieder in die Gegenwart unseres Herrn zu versetzen,
obwohl es dir jedes Mal wieder fortlief,
nachdem du es zurückgeholt hattest,

dann hast du dein Leben wohl erfüllt.«
FRANZ VON SALES

»Kontemplation –
das ist Innehalten,
einen Augenblick lang,
mitten im Alltag.

Dem Rauschen der Bäume lauschen,
die ziehenden Wolken betrachten,
den Menschen neben mir liebevoll anschauen,
auf meine innere Wahrheit hören,
einen Augenblick dem Leben danken, dass wir sind ...
einen Augenblick lang,
eine Sekunde,
eine Stunde,
einen freien Nachmittag ...
nur da sein

– das ist Widerstand!
Heute in unserer Welt voller Arbeit,
Tun, Stress, Aktivität.
Der Widerstand des Innehaltens.

Da kann der Augenblick
plötzlich reich und tief werden,
weil er mich an das Geschenk des Daseins erinnert.
Für einen Augenblick kommt meine Sehnsucht
in den Hafen des Lebens.
Einen Augenblick findet unser rastloses Menschen-Herz
Ruhe in Gottes Gegenwart ...

... da wird menschliches Leben
zum Sakrament.«
QUELLE UNBEKANNT

3

Tagesimpulse

Schüler: Zeige mir, wie ich beten kann.

Lehrer: Kann ich es dir zeigen? Ich kann es nicht.

Schüler: Bist du denn nicht ein Lehrer der Religion?

Lehrer: Eben deswegen! Beten lernt niemand durch Wissen und Können, sondern durch Erfahren und Leben. Was immer ich weiß, kann dir nicht ersparen, dich selbst zu suchen. Selbst musst du in den Brunnen springen, die Tiefe wagen, den inneren Raum und die innere Zeit entdecken. Hör zu!

HUBERTUS HALBFAS

Bodenlabyrinth aus der Kathedrale von Chartres,

13. Jahrhundert

TA 16.11.15
Altm. 12.4. 11
ALT 27.10.20

Beten ist innehalten

Ich setze einen bewussten Anfang ...
(siehe Anregungen im vorhergehenden Kapitel, S.25ff)

Die Tagesimpulse haben alle eine ähnliche Überschrift: Beten ist ... und darauf folgt ein Verb (oder wie man früher sagte: ein »Tuwort«). Manche Worte werden Sie möglicherweise etwas überraschen. Lassen Sie sich überraschen! (Und geben Sie der Versuchung nicht nach, schon weiterzublättern!) Aber bevor wir Ihnen 40 Worte zum Beten anbieten: Was ist Beten eigentlich für Sie? Welche Worte fallen Ihnen dazu ein? Am besten nehmen Sie sich Ihr »stille-zeit-Heft« oder einen leeren Zettel und schreiben einmal alles auf, was Ihnen zum Beten einfällt.

Beten ist zuallererst ein Innehalten, ein Unterbrechen des normalen Tagesablaufes, ein Unterbrechen der normalen Routinen. Darin liegt das Befreiende des Gebetes: Man hebt sozusagen den Kopf hoch und schaut neu und anders auf das Leben und die Welt hin. Man holt Gott in das eigene Leben herein – und das verändert den Blickwinkel, das ändert die Perspektive. Dazu bedarf es keiner langen Gebete, das kann ein kurzes Stoßgebet sein, ein »Danke«, ein Gedanke an Gott.

»Ist in jedem Beten nicht etwas wie ein Innehalten? Eine Ruhepause, um sich selbst, die anderen, die Dinge wirklich wahrzunehmen? Bevor wir einen wichtigen Brief öffnen, halten wir manchmal ein wenig inne, um uns zu ›sammeln‹. Die jüdische Mutter hält einen Augenblick inne, bevor sie am Freitagabend die Kerze anzündet. Die meisten von uns halten inne, bevor sie zu essen beginnen, wenn auch im allgemeinen die Bedeutung dieser Pause durch die Gewohnheit in Vergessenheit geraten ist. Wenn es am 31. Dezember Mitternacht schlägt, halten viele inne; manche tun es auch, wenn sie ein Kalenderblatt abreißen. Das sind Augenblicke, in denen sie für ganz kurze Zeit weniger Eigentümer von sich selbst und doch in einer tieferen Bedeutung mehr ihrer selbst bewusst sind. ›Herr, wir sind geschaffen. Wir haben uns nicht selbst gemacht. Geschöpfe sind wir, unser Leben lang. Und doch, wen du nicht wach machst, der schläft sein Leben lang. Alles, was er tut, ist dann ein Traum‹ (Afrikanisches Gebet).

Nicht das Innehalten ist träumen, sondern die Routine, mit der wir so oft unbeschämt das Leben in Beschlag nehmen, das ist ein Traum. Eine Sinnestäuschung, aus der uns das Gebet befreien kann.«
DIE BISCHÖFE DER NIEDERLANDE

Gott, immer wieder verliere ich mich in den Routinen meines Alltags. An so vieles ist zu denken, so vieles ist zu tun. Dabei vergesse ich dich und mich. Dann verliere ich meine Gelassenheit und lasse mich einsperren in die Gefängnisse der Erwartungen. Ich bitte dich, lass nicht zu, dass ich dich verliere. Dräng dich in meine Gedanken, sei inmitten meines Tuns. Hilf mir dabei, immer wieder einmal innezuhalten, um deiner zu gedenken.

Ich beende bewusst die »stille zeit« ...
(siehe Anregungen im folgenden Kapitel, S.117ff)

Auch die Teilnahme an einem Gottesdienst kann ein solches Innehalten mitten im Alltag sein. Vielleicht wäre das eine Idee gerade für heute, für den Beginn des Weges: innezuhalten, indem man an einem Gottesdienst teilnimmt ...

S 3.1

Beten ist schweigen

Ich setze einen bewussten Anfang ...

Viele Menschen meinen, beten sei reden. Sicher, das ist eine Form des Gebets. Aber – und das kennen wir gut aus vielen Gesprächen – solange ich rede, kann ich nicht hören, was der andere sagt. Wenn Gebet nicht zum Monolog werden soll, brauche ich das Schweigen. Und ich brauche die Stille. Mit beidem tun wir Menschen uns heute oft schwer. Unser Leben ist so laut geworden: Fernsehen, Radio, Telefon. Und so ist es auch in uns laut geworden. Es gilt, neu einen Raum der Stille zu schaffen, um uns herum – aber erst recht in uns.

Legen Sie doch bitte das Buch jetzt einfach zur Seite, schließen Sie die Augen und versuchen Sie, einige Minuten still zu sein. Wenn Gedanken kommen, dann lassen Sie sie kommen und wieder gehen ...

»Auf den ersten Blick ist Schweigen keine Form für Kommunikation oder Beziehungsaufnahme. Aber Schweigen kann eine sehr wache Form des Daseins und Verweilens sein. Verstummendes Schweigen ist ja nicht gleichbedeutend mit stumm sein, sondern die Sprache zerbricht an ihren Grenzen, das Erleben an seiner Ausdrucksmöglichkeit. Man ist da und steht gegenüber dem, der immer größer ist als unsere Bilder von ihm, als unsere Sprache und unsere Ausdrucksgebärden.«

LEO KARRER

»Schweigen möchte ich, Gott,
und auf dich warten.
Schweigen möchte ich,
damit ich verstehe,
was in deiner Welt geschieht.
Schweigen möchte ich,
damit ich den Dingen nahe bin,
allen deinen Geschöpfen,
und ihre Stimmen höre.
Ich möchte schweigen,
damit ich unter den vielen Stimmen
die deine erkenne.

›Als alle Dinge
in der Mitte des Schweigens standen‹,
sagt die Bibel,
›da kam vom göttlichen Thron,
o Herr, dein allmächtiges Wort.‹

Ich möchte schweigen
und darüber staunen,
dass du ein Wort für mich hast.

Herr, ich bin nicht wert,
dass du zu mir kommst,
aber sprich nur ein Wort,
so wird meine Seele gesund.«
Jörg Zink

Probieren Sie doch heute einmal, etwas »leiser« als sonst zu leben: den Fernseher ausschalten – einen Brief schreiben statt zu telefonieren – bewusst sprechen – überflüssigen Lärm vermeiden …

Ich beende bewusst die »stille zeit« …

Beten ist hören

Ich setze einen bewussten Anfang ...

Christen sind Menschen, die auf Gott hören, die ihn in sich zur Sprache, zu Wort kommen lassen. Dabei gilt es, mit dem Herzen zu hören,
so wie ja auch Liebende anders hören und sehen – und manchmal
auch anderes hören und sehen. Davon erzählt eine Geschichte von
ANTHONY DE MELLO:

»Das Gebet des Frosches
Als Bruder Bruno eines Nachts betete, fühlte er sich durch das Quaken
eines Ochsenfrosches gestört. Er versuchte, es nicht zu beachten, doch
umsonst. Wütend schrie er aus dem Fenster: »Ruhe! Ich bete gerade!«

Bruder Bruno war ein Heiliger, und so wurde sein Befehl sofort
befolgt. Alle Kreatur verstummte, damit eine dem Gebet dienliche Stille einkehren konnte.

Aber nun drängte sich ein anderer Laut in Brunos Gebet – eine
innere Stimme, die ihm sagte: »Vielleicht gefällt Gott das Quaken dieses Frosches genauso wie der Gesang deiner Psalmen.« – »Was kann
Gott am Quaken eines Frosches gefallen?«, erwiderte Bruno spöttisch.
Doch die Stimme gab nicht nach: »Warum glaubst du, hat Gott diesen Laut geschaffen?«

Bruno beschloss, eben dieses herauszufinden. Er beugte sich aus
dem Fenster und befahl: »Sing!« Das bedächtige Quaken des Frosches
erfüllte wieder die Luft und wurde von allen Fröschen der Nachbarschaft
vielstimmig aufgenommen. Und als Bruder Bruno die Laute auf sich
wirken ließ, klangen die Stimmen, da er sich nicht länger gegen sie
sträubte, durchaus nicht mehr schrill, sondern verschönerten tatsäch-
lich die nächtliche Stille.

Diese Entdeckung brachte Bruder Brunos Herz in Einklang mit dem Universum, und er verstand zum ersten Mal in seinem Leben, was beten heißt.«

»O großer und wunderbarer Gott,
wie oft haben wir in unseren Litaneien
zu dir gerufen: ›Erhöre uns, o Herr!‹
ohne dass wir uns zuvor gefragt hätten,
ob wir auf Dich gehört haben,
ob wir im Einklang gestanden sind
mit deinen Worten, mit deinem Schweigen.
Wir wollen, dass du unseren Bitten dein Ohr leihst,
ohne dass wir selbst uns bemühen,
unsere Taubheit und Herzenshärte zu überwinden.
Versteh es recht, himmlischer Vater,
unser armseliges Gebet:
Jedes Mal, wenn du uns rufen hörst
,Erhöre uns, o Herr!‹, deute es gütigst,
dass wir dir sagen wollen:
Öffne unsere Ohren,
damit wir deine Stimme hören.
Öffne unsere Augen,
damit wir dich überall sehen.
Öffne unsere Lippen,
damit wir dein Lob verkünden.«
BERNHARD HÄRING

Fragen Sie heute im Verlauf des Tages doch einmal drei Menschen, was ihnen zu »mit dem Herzen hören« einfällt – und hören Sie zu!

Ich beende bewusst die »stille zeit« ...

A ev. 17.9. 12

Beten ist hinschauen

Ich setze einen bewussten Anfang ...

Beten ist hinschauen – und nicht wegschauen. Ich schaue hin – auf mich und mein Leben, aber auch auf das Leben der Menschen um mich herum, auf die Situation in unserer Stadt, in unserer Welt. Beten heißt eben nicht, die Augen zu verschließen – auch wenn geschlossene Augen einem manchmal sogar helfen können, genauer zu sehen, um sich auf das Wichtige und Eigentliche zu konzentrieren. JÖRG ZINK sagt es so:

»›Mystik‹, das Wort hängt zusammen mit dem Wort ›myein‹, die Augen schließen. Die Mystiker schließen die Augen, um innere Bilder zu sehen und um danach die äußeren Bilder so zu sehen, dass sie Wirklichkeit mitteilen, wahrnehmbare Wirklichkeit.

Wie kommt man dazu? Es beginnt wohl mit der Einübung des Sehens. Wirklich sehen heißt, die Dinge nicht einfordern. Nicht Besitz ergreifen von ihnen. Nicht sie zerstören. Nicht sie missbrauchen. Sich ihnen behutsam nähern, ehrfürchtig dem Fremden gegenüber. Dabei immer genauer sehen. Immer mehr wahrnehmen.

Sehen heißt darum: verstehen, dass alles ein Geschick hat und dass jedes fremde Geschick dich angeht. Sehen heißt achtsam sein.«

Unterbrechen Sie an dieser Stelle die »stille zeit« für einen Moment und holen Sie sich einen x-beliebigen Gegenstand: Das kann eine Topfpflanze sein oder ein Buch, eine Tasse oder der Terminkalender. Nehmen Sie diesen Gegenstand mit an Ihren Platz und schauen Sie ihn sich einfach ruhig an. Nehmen Sie den Gegenstand in die Hand, befühlen ihn, drehen ihn ein wenig hin und her. Was sehen Sie? Und was sehen Sie wirklich?›

Gott,
lehre mich hinzuschauen
auf die Schönheit deiner Welt
auf das Leiden
den Menschen zugefügt
auf den Baum am Wegrand
den flackernden Kerzenschein
das Lächeln im Gesicht des Kindes
die Traurigkeit im Gesicht der alten Frau
auf das Funkeln des Weins im Glas
den Reif auf dem Rosenblatt
das trostlose Gesicht hinter der Fensterscheibe
auf die Gebrochenheit in mir

lehre mich mit neuen Augen zu sehen
damit ich dich sehe
wenn ich sehe
hell und dunkel
heil und gebrochen

mich und die Welt

*Schauen Sie sich während des heutigen Tages immer wieder einmal etwas
bewusst an – einen Baum, einen Kirchturm, ein Haus, vielleicht auch einen
Menschen. Schauen Sie es sich so genau an, dass ein Bild in ihnen entsteht,
so, dass Sie es zeichnen könnten, wenn Sie wieder an Ihrem Schreibtisch sitzen. Und wenn Sie gerne zeichnen, dann zeichnen Sie es auch!*

Ich beende bewusst die »stille zeit« ...

Tüch 2 1. 11. 16

Beten ist orientieren

Ich setze einen bewussten Anfang …

Beten heißt: sich an Gott ausrichten. Durch ihn bekommt mein Leben einen Bezugspunkt, er ist sozusagen der Dreh- und Angelpunkt. Er ist die Mitte, um die sich mein Leben dreht. Er ist der, der mich hält, wenn die Fliehkräfte meines Alltages mich fortzutragen drohen. An ihm kann ich »Maß nehmen«. Wenn er für mich der »Weg« ist, dann kann ich meine Schritte entsprechend setzen, dann kann ich meinen Weg gehen. Und wenn er für mich der »Weg« ist, dann kann ich andere auf ihren Wegen begleiten, ohne Angst haben zu müssen, meinen Weg zu verlieren.

im Herzen

Zeichnen Sie doch einmal Ihren Weg mit Gott. Dazu muss man nicht malen können; die Skizze eines Weges kann jeder aufs Papier bringen.

- *Wie ist der Weg beschaffen, breit oder schmal, bergig oder flach, kurvig oder gerade?*
- *Wo kommt der Weg her – und wo führt er hin?*
- *Stehen Wegweiser an diesem Weg?*
- *Gibt es Rasthäuser oder Parkplätze?*
- *Sind andere Wege in der Nähe – und wo führen sie hin?*
- *Gibt es andere Menschen auf Ihrem Weg? Tiere vielleicht?*
- *Wichtige Häuser oder Berge oder Kirchen??*
- *Hat der Weg ein Straßenschild, einen Namen?*

Nehmen Sie das Bild, das entstanden ist, heute einfach (im Geiste) mit – und wenn Ihnen noch etwas einfällt, dann ergänzen Sie es später einfach.

»Verlangen wirst Du,
dass wir, die Lieblosen dieser Erde,
Deine Liebe sind,
die Hässlichen Deine Schönheit,
die Rastlosen Deine Ruhe,
die Wortlosen Deine Rede,
die Schweren Dein Flug.

Jeder wird wissen, dass dieses von ihm erwartet wird,
etwas, wogegen Atombomben ein Kinderspiel sind.
Und aufbegehren wird er und sagen, wie kommen wir dazu.
Und sagen, wie hässlich ist es, erwachsen zu werden
und aufzubleiben in der Nacht, allein.
Aber jeder wird wissen: Dies ist Dein letztes Geheimnis.
Dein Fernsein Deine Nähe.
Dein Zuendesein Dein Anfang.
Deine Kälte Dein Feuer.
Deine Gleichgültigkeit Dein Zorn.
Und einige wirst Du bisweilen beweglich machen.
Schneller als die Maschinen und künstlichen Blitze.
Überflügeln werden sie ihre Angst.
Fahrende werden sie sein, Freudige.«
MARIE LUISE KASCHNITZ

»Die ein gutes Leben beginnen wollen, die sollen es machen wie einer,
der einen Kreis zieht. Hat er den Mittelpunkt des Kreises richtig ange-
setzt und steht der fest, so wird die Kreislinie gut. Das soll heißen:
Der Mensch lerne zuerst, dass sein Herz fest bleibe in Gott, so wird er
auch beständig werden in all seinen Werken.«
MEISTER ECKHART

Ich beende bewusst die »stille zeit« ...

Tch.
22. 9. 14

Beten ist ordnen

Ich setze einen bewussten Anfang ...

Bevor Sie weiterlesen: Bitte nehmen Sie sich Ihr »stille-zeit-Heft« oder ein leeres Blatt und schreiben Sie ziemlich spontan einen Satz auf, den Sie Gott jetzt gerne sagen würden oder was Sie ihn fragen möchten. Bitte lesen Sie erst dann weiter!!

Im Gebet ordnet sich mein Leben. Dadurch, dass ich mich an Gott orientiere, wird mir klarer, was wichtig oder weniger wichtig ist. Wenn ich mein Leben vor Gott bringe, schaue ich es aus einer anderen Perspektive an. Im Gespräch mit Gott kann sich manches klären – so wie wir es ja auch manchmal im Gespräch mit anderen Menschen erleben dürfen. Ja, manchmal suchen wir ja direkt solch ein Gespräch, um Dinge klarer zu sehen.

Anselm Grün beschreibt es so:
»Das Gebet stellt uns vor Gott. Gottes Licht leuchtet hinter die Fassade meines Tuns und Denkens. Es lässt mich erst die wahren Motive meines Handelns und die Ursachen meiner Gedanken und Stimmungen entdecken. Manches würde ich in mir ohne das Gebet gar nicht entdecken. Denn gerade durch die Konfrontation mit Gott wird mir bewusst, was in mir verkehrt ist. Dies gründet darin, dass uns das Gebet mit einer Person, mit Gott konfrontiert. Gebet ist nicht Monolog, nicht Selbstbespiegelung, sondern Gespräch, Begegnung mit einer von mir unabhängigen Person. Indem ich im Gebet von mir weg auf Gott sehe, kann ich nun von Gott her auf mich blicken und mich im Lichte Gottes weit besser erkennen.«

Nehmen Sie sich jetzt noch einmal Ihren Satz oder Ihre Frage vor, die Sie zu Beginn aufgeschrieben haben. Könnten Sie sich eine Antwort, eine Entgegnung Gottes darauf vorstellen? Falls Sie möchten, schreiben Sie einfach weiter – schreiben Sie Ihren Dialog zwischen Ihnen und Gott ...

»Gott, öffne mir die Augen,
mach weit meinen Blick und mein Interesse,
damit ich sehen kann,
was ich noch nicht erkenne.

Gott, öffne mir die Ohren,
mach mich hellhörig und aufmerksam,
damit ich hören kann,
was ich noch nicht verstehe.

Gott, gib mir ein vertrauensvolles Herz,
dass sich deinem Wort überlässt
und zu tun wagt,
was es noch nicht getan hat.«
Nach Willi Lambert

Ich beende bewusst die »stille zeit« ...

Beten ist handeln

Ich setze einen bewussten Anfang ...

Viele meinen, beten heiße, sich von der Welt abzuwenden, indem ich mich Gott zuwende. Aber wenn ich mich Gott zuwende, wende ich mich immer auch seiner Welt zu. Deswegen ist Beten immer auch handeln. Und deshalb geht die benediktinische Ordensregel auch von »beten und arbeiten« aus.

Halten Sie bitte einmal einen Moment inne und überlegen Sie:
– Wie müsste ein Handeln sein, damit es Gebet ist?
– Und was für ein Handeln müsste es sein?
– Oder andersherum gefragt:
   Welches Handeln wäre für Sie kein Gebet?

»Mit dem Plädoyer für Stille und Innenbezug des Betens in der Spannung zum Außenbezug ist keine Flucht vor Engagement und tätiger Solidarität mit einzelnen und gesellschaftskritischen Anliegen gemeint. Es geht vielmehr um den Vorstoß zu den Kraftquellen, zu den Ressourcen, aus denen Kraft geschöpft wird, um fruchtbar zu werden im eigenen Handeln, um sich engagieren zu können sowie den Mut in der Alltäglichkeit des Lebens nicht zu verlieren, wenn es bemühend und belastend ist, sich selbst oder auch die anderen ausstehen zu müssen oder Distanz zu gewinnen.«
LEO KARRER

Vom Zusammenhang zwischen Beten und Handeln erzählt auch die folgende Geschichte:

»Einmal, am Vorabend des Versöhnungstages, versammelte sich die ganze Gemeinde des Rabbi Mojsche-Lejb im Bethaus. Doch der Rabbi selbst kam nicht. Er hatte aber ein für allemal befohlen, dass man auf ihn niemals mit dem Beten warten sollte. Darum stimmte man das Kol-Nidrej-Gebet ohne ihn an. Später erschien der Rabbi doch. Die Leute forschten nach, warum er zu spät gekommen war und das so wichtige Gebet versäumt hatte, und erfuhren folgendes: Als der Rabbi zum Beten ging, hörte er unterwegs in einem Haus ein Kind weinen. Er ging hinein und sah, dass die Mutter zum Beten weggegangen war und das Kind allein gelassen hatte. Der Rabbi hatte Mitleid mit dem Kind und spielte mit ihm so lange, bis es müde wurde und einschlief. Erst dann ging er ins Bethaus, das Kol-Nidrej zu beten.«

RABBINISCHE GESCHICHTE

»Herr, zeig uns die Welt, wie sie wirklich ist. Zeig uns die Aufgaben, die auf uns warten. Lass uns erkennen, wo du uns brauchst: im Einsatz für deine Ordnung, im Eintreten für das Recht, im Kampf gegen den Hunger, in den Rassenkonflikten, in geschwisterlicher Hilfe für Verfemte, Außenseiter und Kriminelle.

Wie Jesus sich der Armen, der Ausgestoßenen und Verachteten annahm, so soll auch durch uns deine Liebe in der Welt sichtbar werden.«

GOTTESLOB NR. 31,4

Wie könnten Sie am heutigen Tag Gottes Liebe durch Ihr Handeln in die Welt tragen? Und was könnte Sie daran hindern, es wirklich zu tun?

Ich beende bewusst die »stille zeit« ...

Beten ist fragen

(Sicher ist Ihnen nach einer Woche der »bewusste Beginn« und der »bewusste Schluss« schon so »bewusst«, dass Sie nicht mehr erinnert werden brauchen ...)

»Ein Junge kam nach Hause und rief: ›Heute habe ich ein Mädchen getroffen, das glaubt nicht an Gott! Ihre Eltern auch nicht, das hat sie gesagt.‹ ›Weshalb regst du dich darüber so auf?‹, fragte der Vater. ›Man muss doch an Gott glauben‹, sagte der Junge, ›sonst ist man ein schlechter Mensch.‹ ›Meinst du?‹, fragte der Vater. ›Dann bildest du dir wohl ein, du wärst besser als das Mädchen?‹ Der Junge wusste nicht, was er sagen sollte. Einige Tage später fragte er seinen Vater: ›Warum glaubt man an Gott?‹ ›Weil es so viele Fragen gibt, auf die wir keine Antwort wissen‹, sagte der Vater.«
Ursula Wölfel

Weil es so viele Fragen gibt, auf die wir keine Antwort wissen ... und weil wir in Gott jemanden haben, dem wir diese Fragen stellen dürfen und können. Von Herman van Veen, dem holländischen Liedermacher, gibt es eine nette Geschichte, wie er die Chance bekommt, Gott in seinem Häuschen zu besuchen. Auf dem Weg dorthin, ziemlich nervös, beginnt er zu überlegen, was er Gott denn fragen möchte. Die Frage »Warum sind in deinem Namen so viele Kriege geführt und so viele Menschen geopfert worden?« scheint ihm für den Anfang doch zu heftig, die Frage könnte Gott vielleicht abschrecken. Und so kommt er zu einer ganz, ganz höflichen Frage, mit der er beginnen möchte: »Grüß Gott, haben Sie auch etwas mit dem Lotto zu tun?«

Welche Fragen würden Sie Gott gerne stellen – oder haben sie ihm sogar schon gestellt? Unser Vorschlag: Nehmen Sie sich Ihr »stille-zeit-Heft« oder ein leeres Blatt und schreiben Sie Ihre Fragen einfach mal auf, grad so, wie sie Ihnen in den Sinn kommen ...

»Lehrer: Es gibt Vielerlei ... Steine, Blumen, Vögel, Menschen ... Alles, was es gibt, ist ein Etwas. Gott ist kein Etwas.

Schüler: Also gibt es keinen Gott?

Lehrer: Auch das ist falsch gefragt. Man kann nach Gott nicht wie nach Sachen fragen. Du musst zunächst fragen lernen.

Schüler: Was heißt fragen lernen? Ich frage ja immerzu. Mir wäre lieber, ich könnte meine Fragen beantworten lernen.

Lehrer: Fragen lernen heißt, über das hinaus zu fragen, was die Leute für selbstverständlich halten und womit sie sich abgefunden haben.

Schüler: Und wie lernt man das?

Lehrer: Indem man sich nichts schenkt, aber alles abverlangt. Es gibt keine Regeln dafür.«

HUBERTUS HALBFAS

Das mag der entscheidende Schritt sein – sich Fragen zu stellen – und sich damit den Fragen zu stellen. Nehmen Sie sich Ihre Liste von eben doch noch einmal vor – und schauen Sie sie unter der Perspektive durch: Welche dieser Fragen ist mir wirklich wichtig???

Gott,
manchmal, wenn ich dich frage,
frage ich eigentlich mich.
Hilf mir, das eine nicht mit dem anderen zu verwechseln.
Und hilf mir dabei, dass ich die richtigen Fragen stelle
und dass ich die Fragen richtig stelle.
Darum bitte ich dich. Amen.

Beten ist suchen

Jeder, der fragt, sucht – er sucht nach Antworten, nach Überzeugungen, neuen Gedanken, Erklärungen. Wer sucht, ist in Bewegung, den erfüllt eine Sehnsucht.

Bei Beratern gibt es eine »Grundregel«: Fragen eröffnen einen Suchprozess, Antworten stoppen ihn. Wenn ich nach Gott frage, suche ich ihn – oder es ... – oder mich ...

Der Schriftsteller GÜNTER KUNERT beschreibt es so:

»Ich bin ein Sucher
Eines Weges.
Zu allem was mehr ist
Als
Stoffwechsel
Blutkreislauf
Nahrungsaufnahme
Zellenzerfall.

Ich bin ein Sucher
Eines Weges
Der breiter ist
Als ich.
Nicht zu schmal.

Kein Ein-Mann-Weg.
Aber auch keine
Staubige, tausendmal
Überlaufene Bahn.

Ich bin ein Sucher
Eines Weges.
Sucher eines Weges
Für mehr
Als mich.«

Woran würden Sie erkennen, dass Sie gefunden haben, was Sie suchten?
Was wäre dann in Ihrem Leben anders? Und was sagt es darüber, was Sie
eigentlich suchen??

»Guter Gott,
ich weiß nicht, wohin du mich führst.
Ich weiß nicht einmal,
wie mein nächster Tag,
meine nächste Woche
oder mein nächstes Lebensjahr
aussehen wird.
Während ich versuche,
meine Hände offen zu halten,
vertraue ich darauf,
dass du deine Hand
in meine legen
und mich nach Hause führen wirst.
Danke, guter Gott,
für deine Liebe.
Danke.
Amen.«
HENRI J. M. NOUWEN

ALT. 8.4. 13 TRK 30.1.17

Beten ist aufbrechen

Beten ist aufbrechen – und das in doppelter Hinsicht: Im Gebet stelle ich mich vor Gott. Er aber ruft mich hinaus, will mich auf seine Wege führen. Immer wieder lässt er Menschen aufbrechen: Abraham, das Volk Israel, Maria und Josef, die Jünger – und Menschen wie Sie und mich. Indem ich auf Gott höre, nach Lebendigkeit suche, breche ich auf in ein »Land«, in eine Möglichkeit meines Lebens, die mir verheißen ist.

Wenn ich dabei meine bisherige »Heimat« verlasse, das »Land«, das Leben, in dem ich bisher »zu Hause« war, wird es auch mich aufbrechen – Hartes wird weich, Selbstverständlichkeiten werden in Frage gestellt, ich gebe mich mit der Alltäglichkeit angesichts der zugesagten Verheißung nicht mehr zufrieden.

Manchmal kann ein solches Aufbrechen auch weh tun, mir selbst und den anderen, mit denen ich lebe. Es fällt nicht leicht, Dinge zurückzulassen. Und doch: Nur wer aufbricht, kann auch heimkommen – und das Leben findet nicht zu Hause am warmen Kachelofen statt. Und die Zusage gilt:

»Abraham,
komm heraus aus deinem festen Haus in Haran,
heraus aus den Steinen der Härte,
der müden Gewohnheit.
Ich will dir ein Land zeigen,
wo du wohnen kannst,
ohne Fernweh und ohne Heimweh:
Kanaan.
Dort kannst du zu Hause sein.
Wo immer du dein Zelt aufschlägst,
bin ich bei dir, bist du bei mir.

An dem Ort, wo du bist,
kannst du Ruhe finden, ganz da sein,
brauchst dich nicht weg zu wünschen,
nicht zu verkriechen, nicht zu verstecken;
kannst das Fremde um dich her
ohne Angst aushalten
und Frieden haben.«
NACH GENESIS 12,1–3

Aufbrechen kann man nur mit leichtem Gepäck. Viel Besitz bindet, hält mich fest. Wenn ich etwas »be-sitze«, kann ich nicht losgehen. Was mich in einer unguten Weise »fest-hält«, verhindert den Aufbruch.

Deshalb die Anregung für heute: Trennen Sie sich ganz konkret von etwas, verschenken Sie es oder werfen es weg oder geben Sie es in die Altkleidersammlung. Oder verzichten Sie für einen Tag auf etwas, was Sie festhält – das Fernsehen, die Flasche Bier am Abend, vielleicht Ihre Trägheit oder Ihren Überaktivismus??

»Gott, du bist uns voraus
und lässt dich nicht binden.
Gefährte der Wandernden,
lock uns,
und wir werden es wagen,
über das hinauszugehen,
was wir festgelegt haben.
Neuland werden wir entdecken
und andere Horizonte.«
F. K. BARTH / G. GRENZ / P. HORST

Beten ist fließen

Immer da und dort, wo etwas neu aufbricht, kann etwas ins Fließen kommen, kann das, was starr geworden ist, sich neu »verflüssigen«. Manchmal kann sich im Gebet etwas lösen, an dem ich vorher krampfhaft festgehalten habe, weil mir vor Gott bewusst wird, dass ich auf dem falschen Weg war, dass ich mich falsch verhalten habe. JEAN VANIER sagt es so:

»Das ist etwas Neues. Wage ich es auszusprechen? Ja, es kann sogar eine mystische Erfahrung sein, etwas so Tiefes und Zerbrechliches, dass du, wenn du nicht vorsichtig bist, auf sie treten, sie erdrücken, sie übersehen oder daran vorbeigehen kannst. Und doch ist es der leise Ruf Jesu, die Berührung seiner Hände, eine neu-aufkeimende Liebe.

Sie entspringt dem Urgrund deines Wesens, sie lässt die Eis- und Kälteschicht von innen her aufschmelzen und trägt behutsam die sorgfältig aufgebauten Mauern ab, die du aus Angst um das verwundbare Herz errichtet hast.

Es ist wie eine Wiedergeburt des Kindes in dir: das sanfte, zärtliche, verwundbare, zerbrechliche Kind, das tief in dir verborgen ist, verdeckt durch dein Geltungsbedürfnis und das Bestreben, erwachsen, klug, intelligent und beklatscht zu werden; oder von deinem Bedürfnis, dich anderen und ihren übertriebenen Erwartungen gegenüber zur Wehr zu setzen.

Jesus kommt nicht im Donner und im Blitz, er kommt auch nicht im Sturm. Er kommt vielmehr in der leichten Brise am Abend. Der Geist weht ganz leise über unsere Erde.«

Stellen Sie sich vor, Sie stünden auf einer Brücke über einem kleinen Bach oder einem Fluss – und Sie schauen in das fließende Wasser hinein. Was sehen Sie? Was fällt Ihnen dazu ein? Was wünschen Sie sich?

Schreiben Sie Ihre Gedanken in Ihr »stille zeit«-Heft – vielleicht formulieren Sie sogar eine Bitte an Gott ...

»Eine Schale will ich sein,
empfänglich für Gedanken des Friedens.
Eine Schale für dich, Heiliger Geist.

Meine leeren Hände will ich hinhalten,
offen für die Fülle des Lebens.
Leere Hände für dich, Heiliger Geist.

Mein Herz will ich öffnen,
bereit für die Kraft der Liebe.
Ein Herz für dich, Heiliger Geist.

Gute Erde will ich sein,
gelockert für den Samen der Gerechtigkeit.
Gute Erde für dich, Heiliger Geist.

Ein Flussbett will ich sein,
empfänglich für das Wasser der Güte.
Ein Flussbett für dich, Heiliger Geist.«

ANTON ROTZETTER

Beten ist gehen

»Es waren einmal zwei Mönche, die lasen miteinander in einem alten Buch, am Ende der Welt gäbe es einen Ort, an dem Himmel und Erde sich berührten und das Reich Gottes begänne. Sie beschlossen, ihn zu suchen und nicht umzukehren, ehe sie ihn gefunden hätten.

Sie durchwanderten die Welt, bestanden unzählige Gefahren, erlitten alle Entbehrungen, die eine Wanderung durch die ganze Welt fordert, und alle Versuchungen, die einen Menschen von seinem Ziel abbringen können. Eine Tür sei dort, so hatten sie gelesen. Man brauche nur anzuklopfen und befinde sich im Reich Gottes.

Schließlich fanden sie, was sie suchten. Sie klopften an die Tür, bebenden Herzens sahen sie, wie sie sich öffnete. Und als sie eintraten, standen sie zu Hause in ihrer Klosterzelle und sahen sich gegenseitig an.

Da begriffen sie: Der Ort, an dem das Reich Gottes beginnt, befindet sich auf der Erde, an der Stelle, die Gott uns zugewiesen hat.«
QUELLE UNBEKANNT

Beten ist gehen, ist unterwegs sein – eine Art »inneres Gehen«. ERICH ZENGER übersetzt deshalb den Psalm 84, Vers 6, mit »Wohl den Menschen, die Pilgerwege in ihrem Herzen tragen«. Trotzdem kann es hilfreich sein, mit dem Körper einer inneren Haltung entsprechend Ausdruck zu geben, wie wir es ja auch von den Gebetshaltungen kennen. Wenn ich gehe, körperlich gehe, kann sich in mir etwas lösen, kann ich in einen Rhythmus hineinkommen.

Deswegen: Unterbrechen Sie doch jetzt einfach die »stille zeit« und gehen Sie eine Viertelstunde spazieren – sofern es jetzt für Sie »geht«. Falls es im Moment für Sie nicht günstig ist, dann suchen Sie sich einen anderen Zeitpunkt am heutigen Tag, an dem Sie bewusst eine Viertelstunde gehen – nicht um irgendwohin zu kommen, sondern einfach um zu gehen. Falls Sie möchten, nehmen Sie einen Gebetsruf oder einen Psalmvers mit auf den Weg, z. B.: »Herr Jesus Christus, erbarme dich meiner« oder: »Zeige mir deinen Weg, ich will ihn gehen in Treue zu dir.«

»Wir gehen, Herr.
Oft wissen wir nicht, wohin.
Wir sind unterwegs, Herr.
Oft wissen wir nicht, wozu.
Wir sind auf der Suche, Herr.
Oft wissen wir nicht, warum.

Wir gehen und schreiten aus.
Unser Leben spult ab wie ein Faden,
Meter um Meter,
Schritt für Schritt.
Nur du kennst das Ende.

Herr, zeige uns die Richtung.
Weise uns den Weg,
den wir gehen müssen.
Bewahre uns vor Umwegen.
Verschone uns vor Irrwegen.

Ermuntere uns, wenn wir müde sind.
Hilf uns auf, wenn wir fallen.
Und sei am Ziel unseres Weges,
Herr, wenn wir ankommen. Amen.«
HERMANN MULTHAUPT

ALT
Jet 18. P. 14

Beten ist hinstehen

Beten ist hinstehen vor Gott und einstehen für Gott. ROMANO GUAR-
DINI beschreibt es so:

»Wir haben davon gesprochen, dass Ehrfurcht vor dem unendlichen
Gott eine angemessene Haltung fordert. Er ist so groß, wir aber sind
vor Ihm so gering, dass das Bewusstsein davon sich auch äußerlich
kundtut: es macht uns klein, heißt uns niederknien.

Die Ehrfurcht kann sich aber auch noch anders ausdrücken: Denke, du säßest, ruhend oder lesend oder in lässigem Gespräch. Da käme
jemand, der dir ehrwürdig ist, und wendete sich an dich; sogleich wür-
dest du aufstehen und in aufrechter Haltung hören und antworten.
Was bedeutet das? Ist das nicht ein Widerspruch zum vorher Gesag-
ten? Doch nicht; nur ein anderer Ausdruck für den gleichen Grundgedanken: dass ein an uns herantretendes Großes oder Wichtiges im
Menschen eine entsprechende Haltung fordert.

Und zwar bedeutet das Stehen, dass er sich zusammengenom-
men hat. Er ist wach, aufmerksam, gespannt. Und er ist bereit. Denn
wer steht, kann sofort auf und davon gehen; kann ungesäumt einen
Auftrag ausführen; mit einer Arbeit beginnen, die ihm zugewiesen
wird.

Das ist die andere Seite der Ehrfurcht vor Gott. Im Knien war es
die anbetende, in Sammlung verharrende; hier die wache, tätige. Solche Ehrfurcht hat der aufmerksame Gehilfe, der gerüstete Kämpfer.
Sie offenbart sich im Stehen.«

So lässt sich auch die folgende Schriftstelle verstehen, die Berufung
des Propheten Ezechiel:

»Wie der Anblick des Regenbogens, der sich an einem Regentag in
den Wolken zeigt, so war der helle Schein ringsum. So etwa sah die

Herrlichkeit des Herrn aus. Als ich diese Erscheinung sah, fiel ich nieder auf mein Gesicht. Und ich hörte, wie jemand redete. Er sagte zu mir: ›Stell dich auf deine Füße, Menschensohn; ich will mit dir reden.‹ Als er das zu mir sagte, kam der Geist in mich und stellte mich auf die Füße« (Ez 1,28 – 2,2a).

Probieren Sie es doch einmal aus mit dem Stehen. Stellen Sie sich ganz bewusst hin, mit beiden Füßen fest auf dem Boden, gerade Knien, aufrecht – und spüren Sie dieser Haltung ein wenig nach. Stehen vor Gott ... – und beten Sie ganz bewusst das »Vaterunser«.

»Gott!
An jenem Tag,
an dem Du mich rufst:
›Komm!‹ werde ich zu Dir kommen,
zu Dir,
den ich in diesem Dasein
millionenmal aufblitzen sah
wie Sonnenstrahlen auf Meereswogen.
Ich werde kommen
mit allen Tränen,
die ich geweint habe;
ich werde kommen
mit den Erinnerungen
an die Gespräche mit Menschen;
an die Auseinandersetzungen
mit den Fragen,
die keine Antwort zuließen.
Ich werde kommen
und nur eines sagen: DU!«
MARTIN GUTL

Beten ist antworten

»Vor seinem Ende sprach Rabbi Sussja: ›In der kommenden Welt wird man mich nicht fragen: Warum bist du nicht Mose gewesen? Man wird mich fragen: Warum bist du nicht Sussja gewesen?‹«
CHASSIDISCHE LEGENDE

»Verantwortlich leben meint: Der Mensch ist aufgefordert zu antworten, wenn er gefragt wird, was er aus sich gemacht hat« (PAUL TILLICH).

Im Gebet gebe ich Antwort. Ich verantworte mich und mein Leben vor Gott. Ich bin aufgefordert, Antwort zu geben auf die uralte Frage: »Mensch, wo bist du?« (Genesis 3,9). Ja – wo bin ich??

»Wenn
die Bücher aufgetan werden,
wenn sich herausstellen wird,
dass sie niemals geführt worden sind:
weder Gedankenprotokolle noch Sündenregister,
weder Mikrofilme noch Computerkarteien.
Wenn
die Bücher aufgetan werden,
und siehe, auf Seite eins:
›Habt ihr mich für einen Eckenspäher
und Schnüffler gehalten?‹
Und siehe, auf Seite zwei:
›Der große Aufpasser oder Unbruder:
eure Erfindung!‹

Und siehe, auf Seite drei:
›Nicht eure Sünden waren zu groß –
eure Lebendigkeit war zu klein!‹
Wenn
die Bücher aufgetan werden.

KURT MARTI

Darum geht es, auch beim Beten: lebendiger zu werden. Lebendiger, das heißt nicht unbedingt, dass das Leben für mich einfacher oder glücklicher wird – lebendiger, das heißt, sich selbst zu spüren, sich selbst wahrzunehmen, mit allen Höhen und Tiefen.

Schreiben Sie doch einmal all das auf, was Sie lebendig macht, Tätigkeiten, bei denen Sie sich spüren, Haltungen, in denen Sie bei sich sind, Begegnungen mit Menschen, in denen Sie sich erleben und erfahren. Die Liste mag sehr bunt sein – von der Gartenarbeit über den Spaziergang, das Lesen eines Buches, ein Vollbad, ein Glas Rotwein, das Schreiben eines Briefes, kochen, das Telefongespräch mit einem bestimmten Menschen … – und tun Sie heute ganz bewusst eines davon!

»Wir bitten, Herr, um deinen Geist,
dass du uns deine Kraft verleihst,
dass wir das Alte neu verstehen
und uns in Gottes Nähe sehen,
Wir wollen nicht nur Fragen nennen,
wir möchten auch die Antwort kennen.
Auch wenn wir fürchten zu versagen,
so lass uns doch die Antwort wagen.«

DIETER TRAUTWEIN

20. 12
8. 10. Act.

Beten ist finden

Was halten Sie von folgender Geschichte?

»Ein Mann besaß ein Cello mit einer Saite, über die er den Bogen stundenlang führte, den Finger immer auf der gleichen Stelle haltend. Seine Frau ertrug dieses Geräusch sieben Monde lang in der geduldigen Erwartung, dass der Mann entweder vor Langeweile sterben oder das Instrument zerstören würde.

Da sich jedoch weder das eine noch das andere dieser wünschenswerten Dinge ereignete, sagte sie eines Abends, wie man glauben darf, in sehr sanftem Tone: ›Ich habe bemerkt, dass dieses wundervolle Instrument, wenn es andere spielen, vier Saiten hat, über welche der Bogen geführt wird, und dass die Spieler ihre Finger ständig hin und her bewegen.‹

Der Mann hörte einen Augenblick auf zu spielen, warf einen weisen Blick auf seine Frau, schüttelte das Haupt und sprach: ›Natürlich bewegen die anderen ihre Finger hin und her. Sie suchen die richtige Stelle. Ich habe sie gefunden.‹«

WILLIAM SAROYAN

Und was hat das jetzt mit dem Beten zu tun??

Viele, die beten lernen wollen, fragen nach Techniken und probieren die verschiedensten Gebetsweisen aus. Viel entscheidender ist es aber, die eigene Weise des Gebets, des »Da-seins« vor Gott zu entdecken. Und das mag für die einen das Jesusgebet sein, für andere, dass sie sich beim Stricken von Gott zuschauen lassen. Der Jesuit WILLI LAMBERT beschreibt es so:

»Gebetsweisen kann man vielleicht erfinden – aber das Beten selbst, das findet man. Das findet man in sich vor. Im Beten findet man sich vor wie ein Fisch im Wasser, oder man findet es nicht. Man findet es wie die ungeheuerlichste Überraschung, oder man hat etwas anderes als Beten gefunden. So wie man die Welt vorfindet und nicht erfindet, so findet man sich betend, findet man sich ›im Geist‹ vor. Vielleicht sollte man über Wege des Betens nur erzählen: erzählen von Wegen und Umwegen und Abwegen, die betende Menschen gegangen sind. Vielleicht, dass aus solchen Geschichten genug Inspiration für den eigenen Weg erwachsen würde. Ist nicht die normale Erfahrung die, dass man irgendwann einen Anstoß bekommt, der einen weiterführt? Einen Satz so nebenbei liest, der plötzlich leuchtet und zur Weisung wird? Zur Weise des Betens, zur Gebetsweise auch?«

Beten und Leistungsdruck, Beten und Zwang vertragen sich nicht miteinander. Das spricht nicht gegen eine gewisse Disziplin. Ich kann Erfahrungen nicht herbeizwingen – aber ich muss zumindest Räume und Zeit schaffen, in denen Erfahrungen möglich werden können. Und ich darf Gott nicht vorschreiben, was ich zu finden habe. Gefragt ist eine offene Haltung, in der ich finden kann, was ich nicht suchte.

»Nach den Gründen fragen
    und nicht wissen warum
Einen Grund suchen
    und keinen unter den Füßen haben

    und doch glauben
    grundlos
    und in letzter Verzweiflung

    und den letzten Grund finden
    in Dir – Gott und in Deiner Verheißung«
ANTON ROTZETTER

Beten ist unterscheiden

21.9.15 Trh
7.11.18 ACt

Die Zusage gilt: Suchet und ihr werdet finden. Aber nicht alles, was wir bei dieser Suche finden, ist wirklich des »Behaltens« wert. Deshalb mahnt auch schon der Apostel Paulus die Gemeinde in Thessaloniki: »Prüfet alles und das Gute behaltet!« (1 Thessalonicher 5,21). Und manchmal kann man sich in etwas auch ganz schön täuschen! Davon erzählt folgende Geschichte:

»Der Sannyasi – ein heiligmäßiger Mann – hatte den Dorfrand erreicht und ließ sich unter einem Baum nieder, um dort die Nacht zu verbringen, als ein Dorfbewohner angerannt kam und sagte: ›Der Stein! Der Stein! Gib mir den kostbaren Stein!‹

›Welchen Stein?‹, fragte der Sannyasi.

›Letzte Nacht erschien mir Gott Shiwa im Traum‹, sagte der Dörfler, ›und er sagte mir, ich würde bei Einbruch der Dunkelheit am Dorfrand einen Sannyasi finden, der mir einen kostbaren Stein geben würde, sodass ich für immer reich wäre.‹

Der Sannyasi durchwühlte seinen Sack und zog einen Stein heraus. ›Wahrscheinlich meinte er diesen hier‹, sagte er, als er dem Dörfler den Stein gab. ›Ich fand ihn vor einigen Tagen auf einem Waldweg. Du kannst ihn natürlich haben.‹

Staunend betrachtete der Mann den Stein. Es war ein Diamant. Wahrscheinlich war er der größte Diamant der Welt, denn er war so groß wie ein menschlicher Kopf.

Er nahm den Diamanten und ging weg. Die ganze Nacht wälzte er sich im Bett und konnte nicht schlafen. Am nächsten Tag weckte er den Sannyasi bei Anbruch der Dämmerung und sagte: ›Gib mir den Reichtum, der es dir ermöglicht, diesen Diamanten so leichten Herzens wegzugeben.‹«

QUELLE UNBEKANNT

Nicht immer ist das, von dem wir denken, dass es uns reich machen würde oder uns gut tut, wirklich bereichernd oder gut. In dem Moment, wo ich es im Gebet vor Gott bringe, vor den absoluten Bezugspunkt meines Lebens, wird manches relativ. Deshalb spricht man auch im spirituellen Bereich von der »Unterscheidung der Geister«, die ursprünglich auf die Schriftstelle 1 Johannes 4,1–6 zurückgeht, und u. a. von IGNATIUS VON LOYOLA als »Exerzitienmethode« aufgegriffen und ausgearbeitet wurde.

Die entsprechende Grundregel heißt: Ich soll das tun und wählen, was auf Dauer und tiefgreifend froh macht. Oder wie es eine alte weise Ordensfrau einmal sagte: Wenn du vor einer Entscheidung stehst und nicht weißt, wie du dich entscheiden sollst, dann wähle das, was dich lebendiger macht!

Nehmen Sie sich doch noch einmal Ihre Liste vor, die Sie vor zwei Tagen dazu erstellt haben – und überprüfen Sie noch einmal, ob das, was da steht, Sie wirklich auf Dauer und tiefgreifend froh macht!

Und schauen Sie sich einmal bewusst die Werbeplakate oder die Anzeigen in der Zeitung an – was wird Ihnen da versprochen – und was wollen Sie wirklich??

»P.S.
Was ich noch sagen wollte
wenn ich Dir
einen Tipp geben darf
ich meine
ich bitte dich
um alles in der Welt
und wider besseres Wissen:
Halte Dich nicht schadlos
Zieh den Kürzeren
Lass Dir etwas
entgehen«
EVA ZELLER

Beten ist heimkommen

Bevor Sie weiterlesen, halten Sie noch einen Moment inne und überlegen Sie, was für Sie »heimkommen« in einem guten Sinn bedeutet: Geborgenheit, Sicherheit, seine Ruhe haben, vertraut sein … – was fällt Ihnen dazu noch ein? Wo sind Sie »daheim« (und da müssen Ihnen nicht nur die eigenen vier Wände Ihrer Wohnung einfallen – man kann auch bei Menschen, in Kirchen, …, »daheim« sein)? Was ist für Sie das Wichtigste daran? Was macht das »Daheim« zum »Daheim«?

Im Beten beheimate ich mich in Gott – und in manchen vertrauten Gebeten oder auch Kirchenliedern bin ich durchaus »zu Hause«. Da kann man eine solche Geborgenheit spüren, ein »Sich-fallen-lassen-Können«. Aus der umtriebigen Welt dürfen wir in die Ruhe unseres Gottes »eintauchen«. RAINER MARIA RILKE drückt es so aus:

»Ich sprach von dir als von dem sehr Verwandten,
zu dem mein Leben hundert Wege weiß,
ich nannte dich: den alle Kinder kannten,
für den ich dunkel bin und leis.

Ich nannte dich den Nächsten meiner Nächte
und meiner Abende Verschwiegenheit,
und du bist der, in dem ich nicht geirrt,
den ich betrat wie ein gewohntes Haus.
Jetzt geht dein Wachsen über mich hinaus:
Du bist der Werdendste, der wird.«

Ein sehr schöner, aber auch kein leichter Text. Deshalb folgender Vorschlag: Lesen Sie diesen Text mehrfach langsam und laut vor sich hin. Machen Sie Pausen dort, wo Sie mit Ihren Gedanken hängen bleiben. Manchmal kann man sich einen Text auch besser dadurch aneignen, dass man ihn abschreibt. Oder vielleicht sogar auswendig lernt?

Das Heimkommen in Gott verweist uns zugleich auf die Vorläufigkeit unseres Lebens hier auf der Erde. *Wenn Sie Zeit haben, lesen Sie doch einmal in der Bibel nach im Brief an die Hebräer, 11. Kapitel, Vers 8–10 und Vers 13–16.*

»Heimweh nach unserem Ursprung

Das ist unser Los,
Geborgenheit suchen zu müssen
und dennoch
heimatlos zu bleiben
auf dieser Welt.

Immer werden,
die er gezeichnet hat
mit seinem Siegel
Fremde bleiben
im Haus,
das endlich ist.

Gesegnete Sehnsucht.
Wie die Muschel
die Perle umschließt,
so verhüllt sich
im Schmerz
die Hoffnung.

Heimweh ist nichts
als der Schatten
des ewigen Hauses.«
ANTJE S. NAEGELI

Beten ist träumen

Beten und Träumen?? Was soll denn das schon wieder? Schließlich haben doch die meisten von uns noch gelernt: »Träume sind Schäume!«

ERNST BLOCH könnte eine interessante Spur legen, wenn er sagt: »Das Neue ist niemals ganz neu. Es geht ihm immer ein Traum voraus.« Damit etwas »werden« kann, muss ich ein Bild davon haben, was denn werden soll und wie es werden soll. Erst wenn ich weiß, was ich möchte und wie es denn sein könnte, kann ich meine Schritte und mein Handeln daraufhin ausrichten.

Und wenn man dieser Kraft der Träume traut, dann kann manchmal auch Unglaubliches Wirklichkeit werden wie der Fall der Mauer oder die Aufhebung der Apartheid in Südafrika oder der berühmte Traum MARTIN LUTHER KINGS.

»Man darf den so genannten Realisten nicht die ganze Menschenwelt überlassen. Wir haben eine Wahl als Menschen. Wir haben die Wahl einer ganz anderen Möglichkeit zu leben. Man sieht sie an Kindern und eine kleine Weile, vor und nach der Geburt, auch an ihren Müttern. Man sieht sie an Künstlern und Forschern, an Gründern und Erfindern und Heiligen. Alle diese Gruppen haben eines gemeinsam: Sie lassen sich nicht von ihren bösen Erfahrungen leiten, sondern von ihren guten Erwartungen. Sie sind nicht abgeschreckt durch das, was war, sondern gespannt auf das, was kommt. Sie leisten sich die Vorfreude auf das, was noch nicht da gewesen ist, auf die Utopie, auf das, was als Kommendes von den Realisten nie verrechnet werden kann. Für sie ist die Welt voller Verheißung, jedenfalls voller erfreulicher Chancen. Sie sind keine Schwärmer, aber sie sind insofern realistischer als die Realisten, als sie bereit sind, die Wirklichkeit nicht nur anzuschauen als die Summe der unverrückbaren Bedingungen des Daseins, sondern auch und zuletzt als das Spielfeld seiner Möglichkeiten, seiner Alternativen.«

<small>ERNST LANGE</small>

Wenn ich im Gebet Gott um etwas bitte, dann gebe ich meinen Träumen Raum. Ich bitte um etwas, was noch nicht ist – aber was ich mir immerhin vorstellen kann. Schreiben Sie doch einmal Ihren Bittzettel an Gott – worum möchten Sie ihn bitten?

»Gott des Lebens,
Gott meiner Sehnsucht.
Ich suche dich,
du lockst mich
in meinen Hoffnungen und Träumen,
in meiner Angst und meiner Verzweiflung,
im Leben und Sterben.
Lass mich glauben,
dass es mehr gibt,
als ich zu hoffen wage,
dass Licht wird, wo Dunkel ist,
dass Freude wächst, wo Trauer herrscht.
Dass meine guten Träume wahr werden
schon jetzt in dieser Zeit und dann in deiner Ewigkeit.
Amen.«

<small>KARL HEINZ SCHMITT</small>

Wenn Sie möchten, nehmen Sie jetzt doch noch einmal Ihren Bittzettel von eben vor – worum möchten Sie Gott wirklich bitten? Und dann bitten Sie ihn einfach doch darum …

1.2. ALT

Beten ist atmen

»›Du bist mein Atem, wenn ich zu dir bete‹, sagt eines unserer neueren Kirchenlieder (GL 621,3). Was der Atem für das Leben ist, das ist das Beten für unseren Glauben. Nichts ist uns innerlicher als der Atem. Er ist wie die Lebensenergie, die uns durchströmt. Deshalb hängt viel davon ab, gründlich durchzuatmen. Keine Meditation ohne Einführung ins richtige Atmen. Im Atmen sind wir ganz bei uns, und zugleich stehen wir im lebendigen Austausch mit unserer Umwelt – und mit Gott, dem wir den Atem verdanken.

›Du bist mein Atem, wenn ich zu dir bete.‹ Du bist mein Atem: Da ist ein Gegenüber in deutlichem Unterschied zu mir, und doch ist es mein Atem. Das Beten ist ein Beziehungsgeschehen. Ob Anbetung oder Bitte, ob Lob oder Klage – immer geht es um Ausdruck und Einübung einer lebendigen Beziehung. Wie jede Beziehung zwischen Menschen ihre Höhe- und Tiefpunkte hat, ihre Seligkeiten und Entfremdungen, so ist es auch für die Begegnung mit Gott im Gebet und in der christlichen Meditation.«

BISCHOF FRANZ KAMPHAUS

Wenn Beten so wie Atmen ist, dann kann man über das Atmen etwas vom Beten erfahren. Probieren Sie es doch einmal aus!

Setzen oder stellen Sie sich aufrecht hin, sodass der Atem frei fließen kann. Lesen Sie sich die folgenden Sätze einmal durch – und versuchen Sie dann, Ihren Atem zu spüren.

Ich bin da ...

Ich bin ganz ruhig und mit allem da, was zu mir gehört – hier, jetzt ...

Ich folge meinem Atem ...

Er kommt und geht in seinem eigenen Rhythmus, ohne dass ich ihn willkürlich beeinflusse: ein ... aus; ein ... aus; ein ... .aus

Versuchen Sie nicht, den Atem zu steuern. Nehmen Sie aufmerksam wahr, ohne sich einzumischen. Achten Sie nur darauf, dass Sie leicht einatmen und wieder ausatmen. Wenn Gedanken und Gefühle, Pläne und Sorgen auftauchen, versuchen Sie, bei jedem Ausatmen sie zu entlassen, wegzugeben.

Probieren Sie, einige Minuten bei Ihrem Atem zu bleiben ...

Ist Ihnen etwas aufgefallen, was Sie mit dem Beten in Verbindung bringen können?

»Das Verlangen
Der Lehrer sagte: ›Verlangst du nach Gott, so wird Gott zu dir kommen.‹ Der Schüler verstand den Lehrer nicht ganz. – Eines Tages badeten beide im Fluss, und der Lehrer sagte: ›Tauche unter.‹ Der Schüler tat es. Sofort war der Lehrer über ihm und hielt ihn unter Wasser, bis der Schüler erschöpft war. Dann ließ er ihn frei. ›Was empfandest du da unten?‹ – ›Das Verlangen nach einem Atemzug.‹ – ›Ersehnst du Gott ebenso stark?‹ – ›Nein.‹ – ›Erst, wenn du das tust, wirst du Gott finden.‹«
Ramakrishna

»Atme in mir, du Heiliger Geist, dass ich Heiliges denke.
Treibe mich, du Heiliger Geist, dass ich Heiliges tue.
Locke mich, du Heiliger Geist, dass ich Heiliges liebe.
Stärke mich, du Heiliger Geist, dass ich Heiliges hüte.
Hüte mich, du Heiliger Geist, dass ich das Heilige nimmer verliere.«
Dem hl. Augustinus zugeschrieben

Halten Sie doch im Verlauf des heutigen Tages immer wieder einmal inne und nehmen Sie Ihren Atem bewusst wahr, wie er geht und kommt, ein und aus ...

ALT 25. P. 13

Beten ist lachen

»Wenn die Christen etwas erlöster aussehen würden, wäre es leichter, an Gott zu glauben«, so sagt es FRIEDRICH NIETZSCHE. Und eigentlich hätten wir Christen allen Grund zum Lachen: Durch unseren Glauben sind wir aus unseren fremden und selbst gemachten Gefängnissen zum Leben befreit! Ziemlich konkret hat es auch der Verfasser des Buches Jesus Sirach im Alten Testament gesagt: »Herzensfreude ist Leben für den Menschen, Frohsinn verlängert ihm die Tage« (30,21f).

»Dass immer alles so verdammt ernst sein muss! Wär Lachen nicht Arznei?

Warum wird in Gottesdiensten so selten gelacht? Gut: zur Zeit gibt's in der Welt wenig zu lachen. Und ich, du weißt es, bin nun mal kein lustiger Vogel.

Aber das Lachen und Tanzen der Armen in Südeuropa und der Dritten Welt beschämt uns. Lachend, tanzend beten? Fast undenkbar für uns.

Schon, wenn jemand beim Beten kichert, halten wir's für Gotteslästerung, werfen böse Blicke. Du, aber, was hältst du davon? Muss alles immer so seriös, so furchtbar ernst sein? Beten, lachen! Mach's möglich!«

KURT MARTI

Wäre das nicht ein Programm für den heutigen Tag? Mit meinem Lachen etwas davon zu erzählen, dass ich das Leben mag, trotz allem und gerade deswegen??

»Es war zur festen Gewohnheit geworden, jedes Jahr ihre fromme Tante einzuladen, wenn sie ein Gartenfest veranstalteten. In diesem Jahr

vergaßen sie es. Als die Einladung doch noch in letzter Minute eintraf, sagte sie: ›Jetzt ist es zu spät. Ich habe schon um Regen gebetet.‹«
ANTHONY DE MELLO

»Gebet der Giraffe:
Herr, warum hast du mir den langen Hals geschenkt?
Um es gleich zu bekennen: Ich bin nicht traurig.
Du hast mir wahrlich einen feinen Kopf gegeben –
auf hohem Niveau.
Ich kann Gutes schnuppern und schlecken,
was andere nur erträumen.
Ist es nicht so, Herr?

Ich kann ungeniert neugierig sein
mit mühelosem Weitblick.
Ich bewundere dich.
Immer Neues schaffst du, und doch stets anders,
und jedes Mal schöner!
Die Neugierde zum Beispiel.
Bei vielen ein Charakterfehler.
Ich dagegen bin eine Neugier-Standard-Ausgabe.
Meine Neugierde ist standesgemäß.
Grandiose Naturbegabung, weil du es so wolltest.

Ich lobe dich, Herr aller Geschöpfe,
und blinzle dir zu – verschmitzt,
aber zumindest mit meinem Kopf
im siebten Himmel der Liebe.«
DRUTMAR CREMER

Morgen brauchen Sie für die »stille zeit« ausnahmsweise einen Ort, an dem Sie Musik hören können – und wenn Sie sich schon ein schönes, rhythmisches Musikstück aussuchen könnten …

27. 11. 14. Act

Beten ist tanzen

Der betende Gaukler

Es war einmal ein Gaukler, der tanzend und springend von Ort zu Ort zog, bis er des unsteten Lebens müde war. Da gab er alle seine Habe hin und trat in das Kloster zu Clairveaux ein. Aber weil er sein Leben bis dahin mit Springen, Tanzen und Radschlagen zugebracht hatte, war ihm das Leben der Mönche fremd, und er wusste weder ein Gebet zu sprechen noch einen Psalter zu singen.

So ging er stumm umher, und wenn er sah, wie jedermann des Gebetes kundig schien, aus frommen Büchern las und im Chor die Messe sang, stand er beschämt dabei: Ach, er allein, er konnte nichts. »Was tu ich hier?«, sprach er zu sich, »ich weiß nicht zu beten und kann mein Wort nicht machen. Ich bin hier unnütz und der Kutte nicht wert, in die man mich kleidete.«

In seinem Gram flüchtete er eines Tages, als die Glocke zum Chorgebet rief, in eine abgelegene Kapelle. »Wenn ich schon nicht mitbeten kann im Konvent der Mönche,« sagte er vor sich hin, »so will ich doch tun, was ich kann.« Rasch streifte er das Mönchsgewand ab und stand da in seinem bunten Röckchen, in dem er als Gaukler umhergezogen war. Und während vom hohen Chor die Psalmgesänge herüberwehen, beginnt er mit Leib und Seele zu tanzen, vor- und rückwärts, links herum und rechts herum. Mal geht er auf seinen Händen durch die Kapelle, mal überschlägt er sich in der Luft und springt die kühnsten Tänze, um Gott zu loben. Wie lange auch das Chorgebet der Mönche dauert, er tanzt ununterbrochen, bis ihm der Atem verschlägt und die Glieder ihren Dienst versagen.

Ein Mönch war ihm aber gefolgt und hatte durch ein Fenster seine Tanzsprünge mitangesehen und heimlich den Abt geholt. Am anderen Tag ließ dieser den Bruder zu sich rufen. Der Arme erschrak zutiefst und glaubte, er solle des verpassten Gebetes wegen gestraft werden. Also fiel er vor dem Abt nieder und sprach: »Ich weiß, Herr, dass hier meines Bleibens nicht ist. So will ich in freien Stücken ausziehen und in Geduld die Unrast der Straße wieder ertragen.« Doch der Abt neigte sich vor ihm, küsste ihn und bat ihn, für ihn und alle Mönche bei Gott einzustehen: »In deinem Tanze hast du Gott mit Leib und Seele geehrt. Uns aber möge er alle wohlfeilen Worte verzeihen, die über die Lippen kommen, ohne dass das Herz sie sendet.«

Einer französischen Legende nacherzählt

Wenn Sie sich gerne bei Musik bewegen, dann legen Sie jetzt die Musik auf, die Sie ausgesucht haben – und tanzen Sie heute Ihr Gebet vor Gott. Und wenn tanzen nicht so Ihre Sache ist, dann hören Sie der Musik einfach zu und überlegen Sie, welche Tätigkeiten für Sie Gebet vor Gott sind – und tun Sie heute eine davon!

»Schenke uns Gott die Fähigkeit zu tanzen
die Arme auszubreiten und zu tanzen
die Ketten des Schicksalsglaubens fallen zu lassen
in der Verzweiflung ›trotzdem‹ zu sagen
erlebnisfähig zu werden für das Wesentliche
Freude auszudrücken und zu verschenken
Leid zu teilen und mitzutragen
und immer wieder zu tanzen
hilf uns Gott
dass wir uns nicht um uns selbst
und nicht nur auf der Stelle drehen
uns nicht im Schwindelgefühl verlieren
dass wir bei unserem Tanz im Glauben an dich
das Gleichgewicht halten.«

Doris Lindenblatt

Morgen brauchen Sie für die »stille zeit« das »Gotteslob«.

23. 10. 17 TRK
5. 10. 17 ALT

Beten ist singen

Beten ist singen – eigentlich ist uns das aus den Gottesdiensten sehr geläufig und vertraut: Man kann auch singend beten. Ja sogar: »*Mehr als Worte sagt ein Lied!*«, wie es in einem neueren Kirchenlied heißt. Deshalb sollte man sich auch immer wieder einmal bewusst machen, *was* man da eigentlich singt – und ob man das wirklich auch innerlich nachvollziehen kann.

Nehmen Sie sich doch einfach einmal das »Gotteslob« und blättern Sie ein wenig darin herum, lesen Sie den einen oder anderen Text, summen Sie eine Melodie an – und wenn Sie mögen, ja, dann singen Sie eines der Lieder, das Ihnen gut gefällt.

»Gott ließ Tag werden, und wir wanderten weiter. Ob Tage, ob Wochen so vergingen, erinnere ich mich nicht mehr. Die Zeit ist rund. Sie rollte schnell. In einer kleinen Stadt, ich vergaß ihren Namen, sah mein Begleiter, der manche Zeit mit ihm verjubelt hatte, Francesco mitten auf dem Marktplatz. Er lief überrascht auf ihn zu und rief: ›Francesco, alter Freund, wer hat dich so herunterkommen lassen?‹ ›Gott‹, antwortete Francesco lächelnd. ›Wo ist dein Seidenrock und die rote Feder auf dem Hut? Wo sind die goldenen Ringe?‹ ›Satan hatte sie mir geliehen, ich gab sie ihm zurück.‹ Der Freund musterte ihn von Kopf bis Fuß, der tausendlochige Mantel, kein Schuh, keine Mütze – er konnte es nicht verstehen. ›Woher kommst du, mein Francesco?‹, fragte er zuletzt mit schmerzlicher Bewegung. ›Aus der anderen Welt.‹ ›Und wohin gehst du?‹ ›In die andere Welt.‹ ›Und warum singst du?‹ ›Um den Weg nicht zu verlieren.‹«
NIKOS KAZANTZAKIS

»Seinem innersten Wesen nach ist der Mensch ein Geschöpf, das nicht nur arbeitet und denkt, sondern das auch singt, tanzt, betet, Geschichten erzählt und feiert.«

HARVEY COX

Gott
du Melodie meines Lebens
du Klang und Musik
sanft und zart
kraftvoll und stark
geheimnisvoll
mich liebkosend
berührend
umfassend
oft so fern
und dann wieder
in mir

Gott
geborgen in dir
du mein Gott
kann ich zur Antwort werden
und zögernd erklingt mein Lied
in der Welt
für dich
und die Menschen
du birgst mich Gott
und ich lasse mich bergen
ich höre und bin Antwort
du spielst und ich bin Klang
und singe
das Lied des Lebens

Beten ist feiern

Lachen, tanzen, singen – all das gehört zu einem schönen Fest dazu. Ob Beten möglicherweise dann auch »feiern« ist?

Auf einem Kalenderblatt stand einmal: »Feiern braucht keinen Zweck. Feiern hat einen Grund: Wir bekommen das Leben geschenkt. Jetzt.« Und sich dessen bewusst werden und bewusst sein, dass es da einen gibt, der mir das Leben schenkt – das ist eigentlich auch schon wieder beten.

JOHANNES HANSEN hat, angeregt von den Grundgedanken des Psalms 118, einen »Fest-Text« geschrieben:

»Feiert mit mir das Fest aller Feste!
Schmückt trauernde Häuser.
Kehrt Schmutz von den Straßen.
Lasst leere Tische sich biegen.
Schlagt verschlossene Fässer auf.
Freut euch mit mir am Wunder aller Wunder!
Kommt aus den Kellern der Angst.
Öffnet verriegelte Türen.
Reißt dumpfe Fenster auf.
Springt in helle Freiheit.
Lacht mit mir voll der Freuden aller Freuden!
Das Grab aller Gräber wurde gesprengt.
Der Stein der Verzweiflung ist weggerollt.
Der Mann der Schmerzen lebt unter uns.
Die neue Welt hat ihren ersten Tag.
Singt mit mir vom Sieg aller Siege!
Fegt die Angst aus den Herzen.

Lacht dunklen Mächten ins Gesicht.
Widersteht den Herren von gestern.
Wagt schon heute das Leben von morgen.«

Ein Ostertext – ja, denn Ostern ist für uns Christen das Fest aller Feste
– der Tag, an dem das Leben den Tod besiegt. Und seitdem gilt, dass
unser Leben ein Fest sein darf!! Und seitdem gilt:

»Art. 1: Es wird erlassen, dass jetzt die Wahrheit zählt, dass jetzt das
Leben zählt und dass wir alle Hand in Hand für das wahre Leben arbeiten.
Art. 2: Es wird erlassen, dass jeder Wochentag, auch der Dienstag,
der aschfarbenste, das Recht hat, sich in einen Sonntagmorgen zu
verwandeln.
Art. 3: Es wird erlassen, dass von nun an in allen Fenstern Sonnenblumen stehen und dass Sonnenblumen das Recht haben, im Schatten aufzublühen; und alle Fenster müssen den ganzen Tag dem Grü-
nen geöffnet bleiben, wo die Hoffnung wächst ...
Art. 6: Für ein Jahrtausend wird das von dem Propheten Jesaja er-
träumte Leben festgesetzt: Der Wolf und das Lamm werden gemeinsam weiden, und die Nahrung beider wird nach Morgenröte schme-
cken.
Art. 7: Unwiderruflich wird die ewige Herrschaft der Gerechtigkeit
und des Lichts erklärt; und die Freude wird eine edle Fahne sein, für
immer gehisst im Herzen des Volkes.«
Thiago de Mellho

Machen Sie doch den heutigen Tag einfach zum Festtag – und feiern Sie!
Ein Fest muss nichts Großes und Aufwändiges sein – und man muss auch
nicht unbedingt einen Tag Urlaub einreichen. Wie könnten Sie diesen Tag
zum Festtag, zum Ostersonntag mitten im Alltag werden lassen?

23.9. 73 Trh

Beten ist klagen

Manche von Ihnen mögen vielleicht erschrocken sein über den abrupten Wechsel von »tanzen«, »lachen«, »singen« und »feiern« hin zum »klagen«. Aber ist nicht genau das unsere Lebensrealität? Mitten in unser Leben, in unser Lachen, in unsere Freude, kommen die Angst, der Kummer, die Not – und die Klage. Und auch die Klage darf ihren Platz vor Gott haben.

»Bei einem der Nachbarn des Rabbi Mosche Löb waren mehrere Kinder nacheinander im zarten Alter gestorben. Die Mutter vertraute eines Tages ihren Kummer der Frau des Zaddik an: ›Was für ein Gott ist denn der Gott Israels? Er ist grausam und nicht barmherzig. Er nimmt, was Er gegeben hat.‹

›Du darfst nicht so reden‹, sagte die Frau des Zaddik, ›so darfst du nicht reden. Die Wege des Himmels sind unergründlich. Man muss lernen, sein Schicksal anzunehmen.‹

In diesem Augenblick erschien Rabbi Mosche Löb auf der Türschwelle und sagte der unglücklichen Mutter: ›Und ich sage dir, Frau, man muss es nicht annehmen! Man muss sich nicht unterwerfen. Ich rate dir zu rufen, zu schreien, zu protestieren, Gerechtigkeit zu fordern, verstehst du mich, Frau? Man darf es nicht annehmen!‹«
ELIE WIESEL

Aber darf man das denn – mit Gott schimpfen, sich bei ihm beschweren, sich beklagen?

»Jeder Mensch bräuchte eine ›Klagemauer‹, wo er alles sagen kann, was ihn bedrängt und bewegt, was ihn aufwühlt und beunruhigt, was unerträglich sich auftürmt und an den Rand des Lebenwollens bringen

kann, wo das Leben die Sprache und das Sprechen zerschlägt; jeder
von uns muss einen Ort wissen, wo er ungeschützt und ungeschminkt
in seiner Not er selber sein darf, wo er suchen und anklopfen, schrei-
en und rechten darf.«
LEO KARRER

Die Bibel ist voll mit solchen Klageliedern der Menschen. Wenn Sie heute
einmal Zeit haben, dann lesen Sie doch z. B. den Psalm 13 oder 22 – oder
schauen Sie einmal ins Buch Ijob hinein. Das ausschlaggebend Wichtige
scheint zu sein, dass man bei aller Klage und allem Protest im Gespräch mit
Gott bleibt – immer noch »du« sagt.

»Mein Gott
Wie sehne ich mich danach
geborgen zu sein in Dir
Ich bin
geworfen in diese Welt
Alles wankt
Sehr kalt ist es geworden
Schutzlos bin ich allem preisgegeben
Es ist mir
als hätte ich kein Zuhause
keinen festen Boden unter den Füßen
kein bergendes Dach über dem Kopf
keine schützenden Wände um mich
Ich schreie zu Dir
Sei Du mir Boden
Sei Du mir Dach
Sei Du mir Mauer
mein Zuhause
hier
jetzt
und alle Tage meines Lebens«
ANTON ROTZETTER

Beten ist streiten

Was soll denn das nun schon wieder? Beten ist streiten?? Halten Sie bitte zuerst einmal inne und überlegen Sie für sich, wie Sie zum »Streit« stehen. Was fällt Ihnen dazu ein?

Die meisten Menschen mögen den Streit nicht, er bringt Unruhe in ihr Leben und man hat Angst, dass einen der andere dann vielleicht nicht mehr mag. Darum vermeidet man oft den Streit.

Aber: Wenn man miteinander streitet, ist man einfach unterschiedlicher Meinung – und die Meinung des anderen ist einem so wichtig, dass man nicht drüber weggehen kann oder will. Streiten – das ist eigentlich auch immer eine Aussage darüber, dass einem am anderen etwas liegt. Jemand, dessen Meinung mir nicht wichtig ist, mit dem streite ich auch nicht.

Entscheidend ist, wie man streitet – will ich den anderen und seine unterschiedliche Meinung »zerstören« und aus meinem Leben ausrotten – oder streiten wir so, dass wir miteinander eine Lösung finden, mit der beide leben können?

In der Bibel wird immer wieder davon gesprochen, dass Menschen mit Gott streiten – weil sie anderer Meinung sind. Und manchmal lässt sogar Gott sich umstimmen. Lesen Sie doch in der Bibel z. B. einmal Genesis 18,23–33 oder Genesis 32,23–33 nach.

FRANZ JALICS spricht in dem Zusammenhang von einer Umgestaltung des Gebets. Er beschreibt, wie er in eine Kirche kommt und den Psalm 100 beten soll. Er hat aber im Moment weder Lust, Gott zu loben noch ihm zu dienen, geschweige denn ein Schaf seiner Herde zu sein, und er schreibt weiter:

»Deshalb ändere ich meine Haltung und versuche ernstlich, mit Gott zu reden. Ich sage ihm ganz aufrichtig, dass ich weder das Bedürfnis habe zu beten noch ihn zu loben, dass ich nicht weiß, was mit mir los ist, warum er mir so weit entfernt zu sein scheint. Ich empfinde einen Widerstand ihm gegenüber und versuche, diesen in Form eines Vorwurfs kundzugeben. Der Inhalt meiner Auflehnung entspricht dem, was ich in meinem Leben nicht annehmen will: der Tod einer geliebten Person, Misserfolge, Leiden, Ungerechtigkeiten usw. Warum lässt Gott das zu? Dieses Gebet ist ein Ringen, es will in Worte fassen, was mir wie ein Stein tief im Herzen liegt und wovon ich noch nicht recht weiß, was es ist. Es ist am wichtigsten, das innere Chaos einzugestehen, das in mir wühlt.

Das ist ein ausgezeichnetes Gebet, denn es ist aufrichtig und bezeugt die Wahrheit. Gott kann ich immer die Wahrheit sagen.«

Was möchten Sie Gott jetzt mit Blick auf Ihren Tag sagen? Halten Sie ein paar Minuten inne und sagen Sie ihm, was Sie wirklich bewegt.

»Wo bist Du, Gott
bei so viel Hunger?
Was tust Du, Gott,
bei so viel Elend?
Wen brauchst Du, Gott
für so viel Not?
Wie hilfst Du, Gott
bei so viel Tod?
Warum schweigst Du, Gott,
bei so viel Schreien?«
ANTON ROTZETTER

»Der liebe Gott liebt es, belästigt zu werden. Wer wenig betet, gleicht den Hühnern, die große Flügel haben und mit ihnen nichts Rechtes anfangen können. Wer innig und ausdauernd betet, wird einer Schwalbe ähnlich, die sich vom Wind tragen lässt.«
JOHANNES MARIA VIANNEY

Beten ist schreien

Sehr gut drückt es ein Text von MARTIN GUTL aus, warum und wieso Beten auch Schreien sein kann:

»Gezähmte Beter

Wie haben Menschen
doch früher gebetet!
Im Buch Judit heißt es:
›Und das ganze Volk
fiel auf sein Angesicht
und schrie um Hilfe.‹
Denn sie waren eingeschlossen.
Die Assyrer hatten die Brunnen besetzt,
die Zisternen waren leer,
weit und breit keine Wolke, kein Wasser!
Sie konnten die Tage zählen,
bis die letzten verdurstet sein
und die Israeliten tot
in die Hände der Assyrer fallen würden.
Da schrien sie zum Herrn,
und sie wurden gerettet.

Und wie ist Gebet?
Wir brauchen Gebetbücher,
Vorlagen und Formeln!
Was beten wir?
Wie beten wir?
Rufen und schreien wir zu Gott?

Wir haben Regeln entwickelt,
wie, wann und was gesagt werden darf!
Was schnürt uns die Kehle zu?
Wer nimmt uns die Möglichkeit,
unseren Zorn, unsere Verbitterung,
unseren Ärger auch über Menschen
und über das Nichteingreifen Gottes
auszudrücken?
Wir schreien nicht,
wir sagen unsere Gebete auf!
Wir brauchen vor Gott
nichts zu verdrängen!
Vor Ihm können wir sein,
was wir sind:
Weinende,
Verzweifelte,
Klagende,
Tobende,
Lachende,
Feiernde,
Singende,
Tanzende!
Warum wollen wir vor Gott
bestimmte Seiten unseres Wesens
verbergen?
Er will im Gebet
lebendigen Menschen,
nicht Mumien
begegnen.«

Und wie bete ich? Bin ich vor Gott lebendig?
Was bringe ich nicht vor Gott?

Beten ist leben

Gott will das Leben für uns: »Ich bin gekommen, dass sie das Leben haben und es in Fülle haben!« (Johannes 10,10). Deshalb dürfen wir vor Gott so sein, wie wir sind. Und das durchaus im Sinne des folgenden Textes:

»Um es deutlich zu sagen – dass ein Mensch in den Armen seiner Frau sich nach dem Jenseits sehnen soll, das ist milde gesagt eine Geschmacklosigkeit und jedenfalls nicht Gottes Wille. Man soll Gott in dem finden und lieben, was er uns gerade gibt; wenn es Gott gefällt, uns ein überwältigendes irdisches Glück genießen zu lassen, dann soll man nicht frömmer sein als Gott und dieses Glück durch übermütige Gedanken und Herausforderungen und durch eine wildgewordene religiöse Fantasie, die an dem, was Gott gibt, nie genug haben kann, wurmstichig werden lassen. Gott wird es dem, der ihn in seinem irdischen Glück findet und ihm dankt, schon nicht an Stunden fehlen lassen, in denen er daran erinnert wird, dass das Irdische nur etwas Vorläufiges ist und dass es gut ist, sein Herz an die Ewigkeit zu gewöhnen.«
DIETRICH BONHOEFFER

Und falls Sie die folgende Aussage eventuell an etwas erinnern sollte, dann schauen Sie doch mal unter Johannes 3,1–13 nach.

»Die Geburt ist nicht ein augenblickliches Ereignis, sondern ein dauernder Vorgang. Das Ziel des Lebens ist es, ganz geboren zu werden, und seine Tragödie, dass die meisten von uns sterben, bevor sie ganz geboren sind.«
ERICH FROMM

Werde ich noch geboren? Lasse ich mich einladen zum Fest des Lebens? Oder bin ich schon tot bei lebendigem Leib??

»Beten ist Leben. Es ist Essen und Trinken, Tätigsein und Ruhe, Lehren und Lernen, Spielen und Arbeiten. Beten durchdringt jede Facette unseres Lebens. Es ist die fortwährende Einsicht, dass Gott überall dort ist, wo wir sind, und dass er uns einlädt, ihm näher zu kommen und das göttliche Geschenk zu feiern, am Leben zu sein.«
HENRI J.M.NOUWEN

»Es waren einmal viele Tiere auf dem Weg zum Himmel. Ein Weiser mit dem gleichen Ziel schloss sich ihnen an und fragte sie nach ihrem Leben. Da zählte der Fuchs seine Abenteuer auf, ein Eichhörnchen berichtete von seinem beweglichen Dasein, eine Schleie schwamm ihr Leben in großen Zügen vor, ein Hahn tat sich wichtig mit seinen Pflichten, ein Regenwurm murmelte dunkle Dinge, und ein Floh wusste viel Menschliches.

Als es aber an der Eidechse war zu reden, schwieg sie. Der Weise wartete, die Eidechse schwieg, der Weise gab ihr gute Worte, die Eidechse schwieg, der Weise bot seine ganze Weisheit auf, die Eidechse schwieg noch immer. Schließlich, als sie schon dem Himmel nahe waren, züngelte sie ein bisschen, blinzelte einmal und sagte: ›Ich habe mich gesonnt.‹«
QUELLE UNBEKANNT

Haben Sie heute schon gelebt?
Und wenn nicht – wann gedenken Sie es zu tun? Und wie?

ALT. 13. 11. 11

Beten ist hoffen

Der Gott, an den wir glauben, stellt eigentlich alles auf den Kopf: Er wird Mensch, ja er wird Kind. Das Licht kommt in unsere Welt, um unser Dunkel zu erhellen. Dieser Gott erklärt uns seine Solidarität, er bietet uns seinen Bund an, damit wir das Leben haben und es in Fülle haben. Und in seinem Sohn Jesus Christus kommt er mitten in unseren Tod, in unser Leid hinein – und führt uns zum neuen Leben.

Deshalb dürfen wir hoffen – und wir geben dieser Hoffnung Ausdruck, wenn wir zu Gott sprechen. ANSELM GRÜN sagt es so:

»Im Glauben versuche ich, die Wirklichkeit in einem neuen Licht zu sehen und in einer neuen Weise zu deuten. Ich übersteige die Ebene, auf der das Problem liegt, und versuche, das Problem von Gott her zu sehen. Ich übersteige meinen engen Horizont und kann manches verstehen, was auf den ersten Blick unverständlich erscheint. Der Glaube deutet das ganze menschliche Leben um. Er bezieht sich auf alle Bereiche, auf Erfolg und Misserfolg, auf Geburt und Tod, auf Gesundheit und Krankheit, auf Glück und Unglück, auf alle Erfahrungen, die uns oft dunkel erscheinen und die wir nicht einordnen können: auf die Erfahrung von Krisen, die unser Leben erschüttern, auf die Erfahrung von Einsamkeit und Verzweiflung, von Leere und Sinnlosigkeit, von Enttäuschung und Nichtverstandenwerden, von Ungeborgenheit und Fremdheit. So ein umfassendes Deutungsmodell kann ich mir nicht mehr selbst entwerfen, sondern es muss mir von einem anderen angeboten werden.«

Deshalb ist Glaube Sinn stiftend, er gibt meinem Leben Sinn – und lässt mich hoffen.

»Menschen
die aus der Hoffnung leben
sehen weiter

Menschen
die aus der Liebe leben
sehen tiefer

Menschen
die aus dem Glauben leben
sehen alles
in einem anderen Licht.«
Lothar Zenetti

*»Das andere Licht« – welche Farbe hätte es für Sie? Welche Form? Wie wür-
de Ihr Wohnzimmerschrank, das Buch, der Terminkalender aussehen, wenn
dieses Licht darauffiele? Wie Ihre Kinder? Ihr Partner? Wie würden Sie selbst
aussehen, wenn das Licht auf Sie fiele? Und wie Ihr Leben? – Und: Gibt es
eine Musik, die dieses Licht begleitet?*

*Und wie würden Sie in dem Zusammenhang die folgende Geschichte
verstehen?*

»Eines Nachts stolperte ein Betrunkener über eine Brücke und stieß
mit einem Freund zusammen. Die beiden lehnten sich über das Gelän-
der und schwatzten eine Weile.

›Was ist das da unten?‹, fragte plötzlich der Betrunkene.

›Das ist der Mond‹, sagte der Freund.

Der Betrunkene blickte noch einmal hin, schüttelte ungläubig den
Kopf und sagte: ›Okay, okay! Aber wie zum Teufel bin ich hier herauf
gekommen?‹«
Quelle unbekannt

Beten ist erinnern

Erinnern – was bedeutet dieses Wort eigentlich? Das Herkunftswörterbuch sagt: »Machen, dass jemand einer Sache inne wird.« Inne werden – das heißt: sich etwas bewusst werden. Beten ist »erinnern« – indem ich bete, mache ich mir Gott bewusst – und ich erinnere mich an das, was er mir zugesagt, was er in meinem Leben schon getan hat. Sich Gottes Gegenwart im eigenen Leben bewusst zu sein, dazu brauche ich oft keine großen Gebete, das ist wiederum eine Haltung. Haltungen und Einstellungen aber kann man verlieren – und deshalb tut es uns gut, dass es Räume, Zeiten und Orte gibt, die uns an das »Erinnern« erinnern.

»Ich kam mit großem Wissensdurst an die Berliner Universität, um Philosophie zu studieren. Ich suchte nach einem Denksystem, nach geistiger Tiefe, nach dem Sinn des Lebens. Ich war nicht einmal in der Lage, mein Anliegen in Worte zu fassen. Für meine Lehrer aber waren das Fragen, die keiner philosophischen Analyse wert waren.

In jenen Monaten in Berlin durchlebte ich Stunden tiefster Niedergeschlagenheit. Ich fühlte mich einsam und mit meinen persönlichen Problemen und Sehnsüchten allein gelassen. An den Abenden lief ich allein durch die Prachtstraßen Berlins. Es gab Konzerte, Theater und Vorträge von berühmten Gelehrten über die allerneuesten Erfindungen und Theorien, und ich überlegte grad, ob ich zu dem neuen Stück von Max Reinhardt oder zu einem Vortrag über die Relativitätstheorie gehen sollte.

Da merkte ich plötzlich, dass die Sonne untergegangen war und der Abend hereinbrach.

Von wann an spricht man das Schema am Abend?

Ich hatte Gott vergessen, ich hatte Sinai vergessen, ich hatte vergessen, dass der Sonnenuntergang mich angeht, dass es meine Auf-

gabe ist, ›die Welt der Königsherrschaft des Herrn zurückzugeben‹.
So begann ich die Worte des Abendgebetes zu sprechen:

Gepriesen bist Du, Herr, unser Gott,
König des Alls,
Der durch Sein Wort den Abend heraufführt ...

Wie dankbar bin ich Gott, dass es eine Pflicht zur Anbetung gibt,
ein Gebot, das meinen zerstreuten Sinn daran erinnert, dass es Zeit
ist, an Gott zu denken, Zeit, mein Ich wenigstens für einen Augenblick zu vergessen. Es ist solch ein Glück, in einer Lebensordnung
des Gotteswillens zu stehen!

An jenem Abend in den Straßen von Berlin war ich nicht in der Stim-
mung zu beten. Mein Herz war schwer, meine Seele betrübt.

Aber wie hätte ich es wagen können, nicht zu beten? Wie könnte
ich es wagen, ein Abendgebet zu versäumen?«

Abraham Joshua Heschel

Was sind die Dinge, die mich erinnern? Höre ich noch das Geläut der Glo-
cken um 12 Uhr? Sehe ich das Wegkreuz noch? Gibt es feste Zeiten in meinem
Leben, die mich an das Gebet erinnern? Hat mein Leben eine Struktur, die
mich hält und erinnert – oder überlasse ich mein Denken an Gott dem Zufall,
meiner Laune, den Umständen ...?

Mich ausrichten, mein Leben ordnen, dem Tag eine Struktur geben, in
eine Regelmäßigkeit kommen, mich selbst begrenzen, meinem Leben
einen Rahmen geben,

um der Unberechenbarkeit Gottes Raum zu geben, durchkreuzen
möglich zu machen, an der Radikalität nicht zu zerbrechen, an der
Heimatlosigkeit nicht zu verzweifeln, einen Halt in der Unendlich-
keit zu finden,

um mich nicht zu verlieren, wenn ich Gott finde,

um mich zu finden, wenn ich mich in Gott verliere.

Trh 25.11.13
ALT 12.11.13

Beten ist wiederholen

»Gebete – immer das Gleiche!« So hört man es manchmal, vielleicht haben Sie es auch selbst schon einmal gedacht. Aber etwas zu wiederholen hat auch seinen ganz eigenen Wert. Fulbert Steffensky beschreibt es so:

»Diese Sprache verträgt die Wiederholung, und man kann diese Psalmverse immer wieder sprechen. Der Bahnbeamte würde uns langweilen, wenn er seine Information siebenmal wiederholt. Der Satz ›Gott, du bist die Hoffnung deines Volkes!‹ oder der Satz ›Ich liebe dich!‹ verdirbt nicht durch die Wiederholung. Er braucht sie sogar, und eine Geliebte wäre töricht, wenn sie auf das ›Ich liebe dich!‹ antwortete: ›Ja, ich weiß, du hast es mir letzte Woche schon gesagt.‹«

Alle großen Religionen kennen eigentlich den Wert der sich wiederholenden Gebete. Im Gebetsschatz der Kirche sind es vor allem der Rosenkranz, das Herzensgebet und die Litaneien. Indem man Worte wiederholt, kann man sich hineingeben und kann in eine Haltung der inneren Sammlung kommen. Man gibt sich in einen Rhythmus hinein.
　　Und man muss auch die Sprache des Gebetes nicht immer wieder neu erfinden ...

»Es kann sein, dass der Mensch im Gebet weilen, darin atmen und sich bewegen will. Man kann einen Weg gehen, um zum Ziel zu kommen; dann tut man es rasch und hält sich nicht auf. Man kann sich aber auch ergehen wollen; dann lässt man sich Zeit und bleibt bei dem, was man Bemerkenswertes findet. Das gib es auch im Religiösen, und es ist nicht nur berechtigt, sondern wichtig und schön.

Es bleibt daher nur der Weg, den das christliche Gebet denn auch von der ersten Zeit an eingeschlagen hat, nämlich bestimmte, sehr reine und inhaltsreiche Gebetsworte zu wiederholen, sodass dadurch ein Raum entsteht, in welchem das Innere sich aufhalten kann; sie aber zugleich mit einem Gedanken zu verbinden, der fortschreitet und die Eintönigkeit überwindet.

Eine uralte Form solchen wiederholenden Gebetes ist die Litanei. Der Vorbeter spricht die Anrufung, die Gott von verschiedenen Seiten seiner Herrlichkeit oder aus verschiedenen Zusammenhängen seines Wirkens her anredet; das Volk antwortet mit wiederkehrenden kurzen Sätzen wie »erbarme dich unser« oder »wir bitten dich, erhöre uns«. Diese Sätze nehmen den Inhalt der Anrufung in sich auf und lassen ihn länger nachklingen; andererseits gewinnen die gleich bleibenden Gebetssätze durch den wechselnden Inhalt der Anrufung einen immer neuen Charakter. In diesem Vorgang kann das gläubige Herz weilen. Die einmalige Bitte wäre gleich zu Ende, die bloße Wiederholung würde eintönig, so aber bekommt der Gebetsakt einen sich wandelnden Sinn und behält doch die Ruhe des Weilens.«

ROMANO GUARDINI

Und warum gerade das heute nicht einfach mal ausprobieren? Wir schlagen Ihnen die Jesus-Litanei vor, die im Gotteslob unter der Nr. 765 zu finden ist. Und bitte vergessen Sie nicht: Es geht nicht darum, möglichst schnell alles »herunterzubeten«, sondern es geht um ein »Sein« in den Worten.

TRK 24.4.17
4̶L̶T̶A̶2̶.̶1̶7̶

Beten ist halten

Im Gebet halte ich mich – und das Gebet hält mich. Ich halte an Gott fest, indem ich ihn anspreche – und die Form des Gebetes kann mir wiederum eine Stütze sein. Je tiefer eine Krise, in die ich hineinstürze, umso eher kann ich mich in meiner Sprachlosigkeit in die Gebete flüchten, die ich auswendig kenne, die mir sozusagen ins Herz geschrieben sind, wie es der englische Ausdruck »by heart« so schön beschreibt. FULBERT STEFFENSKY sagt:

»Jetzt aber, in der Zeit des kargen Brotes und des gestörten Lebens bedroht uns unsere eigene Stummheit. Wir müssen uns selber ein Gesicht und eine Gestalt geben, indem wir jede und jeder für sich und öffentlich bekunden, wer wir sind und worauf wir vertrauen. Gebet, Gottesdienst, Bibellesen, den Tag und das Jahr mit den Zeichen unserer Hoffnung markieren – das ist unerlässlich in einer Zeit, in der das Brot der Hoffnung knapp ist.«

Das gilt auch für unser eigenes, »kleines« Leben – dort, wo das Dunkel über mich hereinbricht, mich festhalten an dem, was mich hält – und dieser Hoffnung, diesem Halt einen Ausdruck geben.

Damit das Gebet mich halten kann, wenn um mich und in mir alles zerbricht, ist es hilfreich, mich in einer Zeit ins Gebet einzuüben, wenn eben nicht gerade »Not am Mann« ist. Noch einmal FULBERT STEFFENSKY:

»Man kann sich nicht erst im Ernstfall erfinden; man kann das notwendige Gebet nicht erst dann erfinden, wenn man es braucht, wie der Moment des Ertrinkens ungeeignet dazu ist, schwimmen zu lernen. Es ist ein falscher Begriff von Redlichkeit, für alle Worten und Gesten sich immer das ganze Herz abverlangen zu wollen und diese zu unterlassen, wenn die Ganzheit nicht möglich ist und wenn man nichts von ihr spürt. Das halbe Gebet von heute sorgt für das ganze von morgen.«

Und nicht zuletzt: Gebet ist auch die Vergewisserung, dass Gott mich hält.

»Birg uns im Mantel deiner Liebe

Du starker Gott, unsere einzige Zuflucht: Birg uns im Mantel deiner Liebe, wenn uns kalt wird von innen her, wenn Trauer und Trostlosigkeit über uns herfallen. Gewähre uns einen Unterschlupf bei dir, wenn uns die Gedanken verfolgen an das, was wir versäumten, oder wenn unser Reden und Tun, das böse war, uns einholt.

Halt uns fest, du starker Gott, wenn der Boden unter uns wankt und unsere Lebensentwürfe zerbrechen, wenn wir erkennen, wie hohl vieles ist von dem, was wir darstellen und behaupten. Gott, mit all unseren verworrenen Gedanken, mit unseren Fragen und Zweifeln flüchten wir uns zu dir. Herr, erbarme dich über uns.«
AUS DEM ENTWURF FÜR EINE ERNEUERTE
REFORMIERTE LITURGIE

»Großmutter: ›Betest du jeden Abend deine Gebete?‹
Enkel: ›Oh ja!‹
›Und jeden Morgen?‹
›Nein. Am Tag habe ich keine Angst.‹«
ANTHONY DE MELLO

Angenommen, da käme eine böse Fee in Ihr Leben und würde Ihnen Gott wegnehmen, Gebet und Gottesdienst, Kirchen und Liturgie – was würde Ihnen eigentlich fehlen? Und wie würde sich Ihr Leben dadurch verändern?

Beten ist tragen

Wer an Gott glaubt, lässt sich von ihm tragen wie ein kleines Kind. Davon spricht sehr eindrücklich der Psalm 131:

»Ich ließ meine Seele ruhig werden und still; wie ein kleines Kind bei der Mutter ist meine Seele still in mir.«

Bin ich überhaupt bereit, mich von Gott tragen zu lassen?

Wer sich von Gott tragen lässt, ist in der Lage, andere zu tragen.

Wen trage ich in meinem Leben – und woher nehme ich die Kraft dafür?

Und nicht zuletzt ist beten: Menschen vor Gott tragen. MARTIN LUTHER sagt es so: Für einen Menschen beten heißt, einen Engel bei ihm vorbei zu schicken.

Formulieren Sie jetzt einfach ein freies Gebet, in dem Sie die Menschen, die Ihnen am Herzen liegen, vor Gott tragen. Und wenn Sie möchten, dann gehen Sie doch heute in eine Kirche und zünden Sie eine Kerze für diese Menschen an.

»Was Jesus für mich ist?
Einer, der für mich ist

Was ich von Jesus halte?
Dass er mich hält.«
LOTHAR ZENETTI

»Da lebten zwei fromme Mönche im fernen Süden; beide pflanzten einen Ölbaum.

›Herr‹, bat der eine, ›sende erquickenden Regen, dass mein Bäumchen Wurzeln schlagen kann!‹ Und der Herr kam der Bitte nach. ›Nun bedarf es der Sonne‹, sagte der fromme Mönch. ›O Herr, lass den Himmel sich klären!‹ Da kam die Sonne und erwärmte die feuchte Erde. ›Jetzt müsste es eisig und kalt werden‹, dachte der Mönch eines Tages, ›denn die Baumrinde soll fest werden!‹ Und schon bald zierte silberner Reif die Rinde des Bäumchens – das Bäumchen aber ging ein.

Der traurige Mönch ging in die Zelle des Mitbruders und sagte: ›Dein Baum steht frisch und blühend, und meiner ist eingegangen, trotz allem!‹ – Und er erzählte, was er alles getan hatte.

Da sagte der andere Mönch: ›Ich habe mein Bäumchen einfach in Gottes Hand gestellt, denn ich dachte mir, dass der Schöpfer aller Dinge, der ja auch die Bäume geschaffen hat, wohl am besten weiß, was gut für sie ist. Ich habe gar keinen Rat erteilt, sondern nur gebetet: Vater, nimm dich seiner an!‹«

HANS W. RÄBIGER

Man muss nicht viele Worte machen beim Beten. Ein spanischer Mystiker des 16. Jahrhunderts sagte sinngemäß: Das Vaterunser ist deshalb so kurz, weil Gott ja eh schon weiß, was wir brauchen. Wenn ich getragen, in den Arm genommen bin, kann ich mich einfach hineingeben – und dann werde ich in der Regel keine großen Reden schwingen. Und wenn ich andere in die Obhut Gottes gebe, dann kann ich ihm schon zutrauen, dass er weiß, was für sie gut ist.

Gebete müssen nicht toll sein und immer wieder alles neu erfinden – »ich ließ meine Seele ruhig werden und still«, weil ich mich und andere von Gott tragen lasse.

Warum nicht heute immer mal wieder ein Vaterunser beten – beim Stehen an der Bahnschranke, im Wartezimmer vom Arzt, an der Bushaltestelle, beim Geschirrspülen, wenn der Computer startet …

Beten ist teilen

_10.5.17 AC_

Unsere Sprache ist eigentlich sehr spannend und aufschlussreich: »Mitteilen« hat etwas mit »teilen« zu tun. Im Gebet teilen wir Gott etwas mit, wir lassen ihn teilhaben an unserem Leben, wir teilen unser Leben mit ihm. Wir geben ihm etwas ab – unsere Not, unsere Angst, unsere Sorgen.

Wir sind aber genauso eingeladen, nicht nur unsere Armut zu teilen, sondern auch unseren Reichtum. Und dabei ist sicher nicht nur an materiellen Reichtum zu denken, sondern an unsere Begabungen und Fähigkeiten, an unsere Zeit, unsere Liebe, unser Engagement. Beten ist mitteilen und teilhaben lassen an dem, was wir sind, was wir können, was wir haben – und das gilt nicht nur für Gott, sondern auch für unsere Beziehungen zu den Menschen.

Nehmen Sie sich jetzt doch einfach ein leeres Blatt Papier und schreiben Sie mal Ihre Reichtümer auf. An was sind Sie reich? Zeit, Liebe, Sehnsucht? Familie, backen können, organisieren können? Ein Auto, ein Garten, ein eigenes Haus …? Und wie lassen Sie andere an ihren Reichtümern teilhaben? – Und glauben Sie sich selbst nicht, wenn Sie meinen, Sie hätten keine Reichtümer …

»Es gibt Reichtümer, an denen man zugrunde geht, wenn man sie nicht mit anderen teilen kann.«
MICHAEL ENDE

Von meinen Reichtümern abgeben, das ist eigentlich eine christliche Grundhaltung. Es geht dabei nicht darum, meinen Mangel zu vergrößern, sondern andere an meinem Überfluss teilhaben zu lassen.

Wenn Sie Zeit haben, lesen Sie mal in der Bibel 2 Korinther 8,15f nach!

Und da sind wir auch in die Verantwortung genommen – in eine Verantwortung, die ich nicht auf andere und erst recht nicht auf Gott abschieben kann. Wie würden Sie in dem Kontext die folgende Geschichte verstehen?

»Ein Schüler kam auf seinem Kamel zu dem Zelt seines Sufi-Meisters geritten. Er stieg ab und ging direkt in das Zelt hinein, verneigte sich tief und sagte: ›Mein Vertrauen in Gott ist so groß, dass ich mein Kamel draußen nicht angebunden habe, weil ich überzeugt bin, Gott wird die Interessen derer, die ihn lieben, schützen.‹

›Geh und binde dein Kamel an, du Narr‹, sagte der Meister. ›Man soll Gott nicht mit Dingen belästigen, die man selbst tun kann.‹«
ANTHONY DE MELLO

Und was heißt diese Geschichte für das Beten?

»Gütiger Vater, wir danken dir für alle Gaben, die du uns geschenkt hast. Befreie uns von der Sucht, auf das zu starren, was wir nicht haben. Lass uns erkennen, was wir nicht brauchen, und lass uns mit dem, was wir haben, dankbar umgehen und es frohen Herzens teilen. Zeige uns in allen Dingen das rechte Maß. Wecke in uns eine neue Verantwortung für die gerechte Verteilung deiner Gaben. Lass uns selbst dazu beitragen, dem Hunger zu begegnen: dem Hunger nach Brot, dem Hunger nach Gerechtigkeit, dem Hunger nach Frieden und Liebe.«
PAUL GERHARD MÜLLER

Wen lassen Sie heute wie an einem Ihrer Reichtümer teilhaben? Vielleicht könnte folgender Spruch noch ein Hinweis sein:

»Gib, indem du empfängst, und lern im Geben empfangen.«
JOHANN KASPAR LAVATER

Beten ist verbinden

So paradox es sich anhören mag – aber teilen verbindet. Vielleicht passt deshalb heute gerade dieser Text von ROSE AUSLÄNDER:

»Die Sintflut
aufgeschoben
An der Regengrenze
die Wölbung
an der alle Farben
teilhaben
An denen wir
Freigesprochene
teilhaben
Über die flüchtige
Friedensbrücke
gehn unsere Augen
zeitverbunden
Mensch an Mensch an Mensch«

Beten verbindet – Gott und Mensch – und Mensch und Mensch. Ich fühle mich verbunden, bin Teil eines »größeren Ganzen«. Mein Glaube an Gott verweist mich immer auf die Menschen – man kann nicht Gott lieben und die Menschen verachten. Liebe ist immer »inklusiv«, sie schließt mit ein – und nicht »exklusiv«, sie schließt nicht aus. Wir Menschen sind miteinander verbunden – und es ist und bleibt ein Grundbedürfnis des Menschen, sich miteinander zu verbinden. Eine solche Verbindung geht aber wiederum nur, wenn ich »teil-haben« lasse an meinem Leben, wenn ich bereit bin zum Teilen, zum »Mitteilen«.

Von diesem »Miteinander« schreibt schon AUGUSTINUS:

»miteinander
reden und lachen
sich gegenseitig gefälligkeiten erweisen
zusammen schöne bücher lesen
sich necken
dabei aber auch
einander sich achtung erweisen
mitunter sich auch streiten ohne hass
so wie man es wohl einmal
mit sich selbst tut
manchmal auch in den Meinungen
auseinandergehen
und damit die eintracht würzen
einander belehren und voneinander lernen
die abwesenden schmerzlich vermissen
die ankommenden freudig begrüßen
lauter zeichen der liebe und gegenliebe
die aus dem herzen kommen sich äußern
in miene
wort
und tausend freundlichen gesten
und wie zündstoff den geist entflammen
in gemeinsamkeit
sodass aus den vielen eine einheit wird.«

Beten Sie heute doch einmal aus dem »Gotteslob« das Gebet der Vereinten Nationen. Sie finden es unter Nr. 31,1. Und blättern Sie in den ersten Seiten des »Gotteslob« ein wenig herum – es sind Gebete, die uns Christen auch miteinander verbinden.

Beten ist trauen

Beten – das heißt: Gott trauen und mir trauen, das heißt, »dem Leben
trauen, weil Gott es mit uns lebt« (ALFRED DELP). Trauen kann ich,
weil Gott mir traut, weil Gott mir vertraut – und etwas zutraut.

*schon in der Taufe sagt er ja zu mir und trau(t)
mir zu, dass ich ... mein Leben leb oder*

»Manchem ist dieses Wort verdächtig: Heutzutage, heißt es, kannst du
keinem mehr trauen! Aber wer will leben ohne das, was wir Vertrauen
nennen? Mögen wir auch immer wieder enttäuscht werden, wir müssen uns ein Herz fassen, uns buchstäblich trauen, aus dem Vertrauen
zu leben.«

LOTHAR ZENETTI

Wer traut, glaubt daran, dass alles einen guten Anfang hatte und ein
gutes Ende nehmen wird – durch alle Dunkelheiten, Verwirrungen,
Ängste und Leid hindurch. Wer traut, der glaubt daran, dass Gott uns
gut will.

Und da sind wir schon ganz in der Nähe des »Segens«. Das la-
teinische Wort für »segnen« heißt: »Gutes zusagen« – »benedicere«.
Im Segen wird uns das Gute zugesagt, werden wir immer wieder neu
daran erinnert, werden wir eingeladen, genau diesem Guten zu trau-
en und zu vertrauen.

»Wie vielleicht keine andere ist der Segen eine Form des Glaubens und
der Hoffnung, in der zwei Menschen von sich selber absehen, der Seg-
nende und der Gesegnete. Der Gesegnete erlaubt sich den Sturz in das
Versprechen der Geste und des Wortes. Er fragt nicht nach seinen eigenen Verdiensten und Voraussetzungen für den Segen. Einmal will er
nicht zweifeln, will er nicht fragen, wo das Versprechen seinen Ort
der Erfüllung hat. Wenigstens an dieser Stelle will er nicht bestehen auf
den eigenen Widersprüchen, auf der eigenen Halbheit, auf dem Leben,

das durch sich selber nicht gerechtfertigt ist. Einmal will er die Fülle nicht erringen, wie Jakob sie dem Fremden abgerungen hat. Das ist nicht leicht, weil es schwer ist, sich trösten zu lassen. Es ist schwer, und es bedarf vermutlich einer Menge Niederlagen, ein Unverdientes und etwas, was durch mich selber nicht gerechtfertigt ist, anzunehmen. Darum ist der Segen die dichteste und dramatischste Stelle der christlich-jüdischen Glaubensäußerung. Dort nämlich wird inszeniert, was Gnade ist: nicht erringen müssen, wovon man wirklich lebt; sich nicht bannen lassen durch die eigenen Zweifel und durch die Zersplitterung des eigenen Lebens. Ich muss nicht nur ich selber sein. Ich stürze mich in den Abgrund des Schoßes Gottes, und ich weiß nicht, was ich tue.«

FULBERT STEFFENSKY

Überlegen Sie einmal, wem Sie gerade jetzt, in diesem Moment, etwas »Gutes zusagen« wollen – ein Zeichen der Nähe, ein Wort der Aufmunterung, der Zusage, eine Geste der Freundschaft, eine Erinnerung an den Glauben. Tun Sie es im Gebet – und wenn Sie mögen, schreiben Sie demjenigen ein Kärtchen und schicken Sie es mit der Post los.

»Gott segne die Erde, auf der ich jetzt stehe.
Gott segne den Weg, auf dem ich jetzt gehe.
Gott segne das Ziel, für das ich jetzt lebe.

Du Ewiger, du immerdar,
segne mich auch, wenn ich raste.

Segne, was mein Wille sucht,
segne, was meine Liebe braucht,
segne, worauf meine Hoffnung ruht.

Du König der Könige,
segne meinen Blick.«

IRISCHES SEGENSGEBET

Beten ist hingeben

Im Gebet kann ich Gott das geben, was mich belastet und bedrückt, was mich beschäftigt und bewegt. Aber zugleich ist Gebet auch eine Hingabe meiner selbst. Das Wort »Hingabe« wird oft falsch verstanden in dem Sinne, dass man nichts sein und nichts haben dürfe. Im Gegenteil: Hingeben kann nur derjenige, der etwas ist oder etwas hat. Nur dann kann ich mich bewusst dafür entscheiden, es hinzugeben. Etwas Gott oder Menschen hingeben beruht immer auf einer freien Entscheidung und kann nicht erzwungen werden. Ich kann die Liebe eines Menschen, seine Freundschaft, seine Zeit, seine Kraft nicht erpressen, nicht von Bedingungen abhängig machen, nicht erkaufen.

»Als Mutter Teresa, Engel der Armen, am Straßenrand in Kalkutta bei einem schmutzigen, sterbenden Mann kniete und ihn pflegte, sagte ein amerikanischer Reporter zu ihr: ›Das würde ich nicht für 1000 Dollar tun.‹ Sie erwiderte: ›Ich auch nicht.‹«
QUELLE UNBEKANNT

Halten Sie jetzt bitte einfach mal einen Moment inne und legen Sie das Buch zu Seite. Legen Sie Ihre Hände locker in den Schoß und öffnen Sie sie ganz langsam und bewusst zur offenen Hand. Und dann schauen Sie sich einfach Ihre Hände an, die Hände, die im Öffnen hergeben, sich hingeben.
Und gleichzeitig: Nur in geöffnete Hände kann etwas hineingelegt werden – in einer Faust ist kein Platz für Geschenke.

»Beten heißt mit offenen Händen vor Gott treten, heißt langsam die Anstrengung aufgeben, mit der wir unsere Hände zusammenballen, heißt auch mehr und mehr bereit sein, unser Leben anzunehmen, aber

nicht als einen zu verteidigenden Besitz, sondern als ein empfangenes Geschenk. Ein Leben des Gebets ist ein Leben mit offenen Händen, ohne uns dabei unserer Schwachheit zu schämen, jedoch in dem Bewusstsein, dass es zu größerer Vollkommenheit gereicht, von Ihm geführt zu werden, als alles in den eigenen Händen zu halten versuchen.«
HENRI J.M.NOUWEN

Manche Christen wählen die Gebetshaltung der geöffneten Hände als Zeichen ihrer Bereitschaft zur Hingabe und zum Empfang dessen, was Gott geben will. Ähnliches wollen ursprünglich die aneinandergelegten Hände ausdrücken. Ritter und Lehensleute legten ihre aneinandergelegten Hände in die ihres Königs, wenn sie den Treue- oder Lehenseid leisteten. So bekundeten sie zeichenhaft, dass sie ihm mit Herz und Hand zu Dienst stehen wollten. Dieses Zeichen gibt es heute noch bei der Priesterweihe, bei der der neu zu weihende Priester seine Hände in die des Bischofs legt (nach ADOLF ADAM).

Wenn Sie möchten, nehmen Sie noch einmal die Gebetshaltung der geöffneten Händen ein und formulieren Sie selbst Ihr Abschlussgebet.

»Mein Herr und mein Gott,
nimm alles von mir,
was mich hindert zu dir.
Mein Herr und mein Gott,
gib alles mir,
was mich fördert zu dir.
Mein Herr und mein Gott,
nimm mich mir
und gib mich ganz zu eigen dir.«
NIKOLAUS VON FLÜE

ALT 11.16

Beten ist lassen

TRK 27.3.17

Das Hingeben bedingt das Lassen – was ich krampfhaft festhalte, kann ich nicht hingeben. Dabei ist die materielle Seite nur eine Sache …

»Eine Aufgabe, eine Tätigkeit, etwas uns lieb Gewordenes kann jäh ein Ende finden. Ein Unternehmen ist misslungen, und wir müssen uns wieder zu einem neuen Anlauf aufraffen. Vergangenes und Gewohntes aufzugeben und hinter uns zu lassen fällt uns Menschen schwer. Eine behagliche Wohnung gibt man nicht gern auf. Und doch ist es heilsam für uns, wenn wir von Gott immer wieder neu auf die Wanderschaft geschickt werden. Denn nur deshalb heißt er uns aufbrechen, um uns in das Land des Lebens zu führen, das er uns zeigen wird.«

Herbert Haag

Ein solches »Lassen« entspricht dem »Selig die Armen« der Bergpredigt sowie dem Evangelischen Rat der Armut. Es heißt nicht, dass man nichts besitzen soll oder darf, sondern dass es darauf ankommt, wie ich mit dem Besitz umgehe. Manche Menschen sind von ihrem Besitz »besessen« und deshalb nicht mehr in der Lage, auf Gottes Wort zu hören und aufzubrechen.

Und: »Armut besteht nicht darin, mir nichts zu gönnen, sondern mein Leben mit anderen zu teilen« (Anselm Grün).

Vielleicht eine verrückte Idee – aber warum nicht: Gönnen Sie sich heute etwas, was Sie normalerweise lassen, im Sinne von: »Man muss das Lassen auch mal lassen können.«

Ich lasse

die Arbeit an dem termingebundenen Beitrag für die renommierte liturgische Zeitschrift über den Festcharakter der österlichen Liturgie ...

die Eingabe an das Dezernat Bau des Bischöflichen Ordinariates zur Genehmigung des Kirchenvorstandsbeschlusses über Verwendung eloxierter Fensterrahmen aus Aluminium, deren Kosten nicht im Rahmen bleiben ...

die einfühlsame Beantwortung der vierundzwanzigseitigen Gedankenfolge einer nicht ganz unaufdringlichen Endfünfzigerin, die auf Antwort wartet ...

das Studium der entschiedenen Stellungnahme des Diözesansynodalrates zur ersten Lesung des Synodenpapieres, das den Begriff der Ämter der Kirche so wenig überzeugend von dem der kirchlichen Ämter abhebt ...

»Ich schaue lieber aus
nach den leisen Schneeflocken
die draußen niedergehen
und lerne, wie man sanft
und ohne Worte sich verschenkt.
Morgen werde ich dem
lieben Gott einen Schneemann
bauen als mein Magnificat
an diesem Tag.«
LOTHAR ZENETTI

Beten ist wandeln ~~ALT 14.11.17~~

Wenn ich das, was ich habe, was ich bin, hingebe, loslasse, vor Gott bringe, dann kann er es wandeln und verwandeln. Dabei ist nicht entscheidend, wie viel ich habe, sondern dass ich bereit bin, es ihm zu geben. Mit zwei Fischen und fünf Broten kann er durchaus etwas anfangen.

»Mach dir keine Sorgen, wenn du nur wenig zu teilen hast, ganz wenig Glauben, wenig Besitz. Wenn du dieses Wenige teilst, schenkt dir Gott eine Überfülle, die nie versiegt.«
ROGER SCHUTZ

Wandeln – diesen Begriff kennen wir aus der Liturgie: Wandlung. Das, was wir Gott hingeben, was wir ihm hinhalten, das kann er verwandeln. ANSELM GRÜN schreibt dazu:

»Verwandlung meint, dass das Eigentliche durchbrechen soll durch das Uneigentliche, das Echte durch den Schein. Meine Leidenschaften und meine Krankheiten schreien immer nach einem wertvollen Gut, sie möchten mich darauf hinweisen, dass da etwas in mir leben möchte, was ich noch nicht zugelassen habe. Wenn sie verwandelt werden, dann finde ich gerade in meiner Leidenschaft und in meiner Krankheit eine neue Lebensqualität, eine neue Lebendigkeit und Echtheit. In jeder Eucharistie feiern wir die Verwandlung unseres Lebens. Wir halten in den Gaben von Brot und Wein uns selbst Gott hin mit unserer Zerrissenheit, mit allem, was uns aufreibt und zerreibt, mit unseren Gedanken und Gefühlen, mit unseren Bedürfnissen und Leidenschaften, mit dem Bewussten und Unbewussten. Und wir vertrauen darauf, dass Gott unsere Gaben annimmt und verwandelt.«

Aus der Liturgie kennen Sie das entsprechende Gebet. Der Priester sagt: »Betet mit mir, Schwestern und Brüder, dass mein und euer Opfer, das Opfer unseres Lebens, Gott, dem Allmächtigen, gefalle.« Und die Gemeinde antwortet darauf: »Der Herr nehme das Opfer an aus deinen Händen, zum Lob und Ruhme seines Namens, zum Segen für uns und seine ganze heilige Kirche.« Wir bringen uns selbst, um uns verwandeln zu lassen.

Die »Exerzitien im Alltag« neigen sich dem Ende zu. Deshalb möchten wir Ihnen folgendes vorschlagen: Denken Sie doch noch einmal zurück an die vergangenen Tage und Wochen. Was ist Ihnen in Erinnerung geblieben? Und was von dem, was Sie in diesen Tagen erfahren haben, möchten Sie vor Gott bringen, damit er es wandeln kann? Welche Ängste, welche Gebrochenheiten, welche Hoffnungen, welches Erschrecken, welche Frage? Vielleicht blättern Sie das Buch einfach noch einmal durch, schauen noch einmal durch Ihre Aufzeichnungen. Und bei der nächsten Gottesdienstfeier bringen Sie das einfach vor Gott – damit er es wandeln kann. Sie können es entweder bei dem Gebet in Gedanken Gott hinhalten und geben – oder Sie schreiben es auf einen kleinen Zettel und legen es in das Kollektenkörbchen.

»Wie kann ich mir und anderen treu bleiben? Werde ich mir untreu, wenn ich Abschied nehme von einem Bild von mir, das mir nicht mehr entspricht? Werde ich meinen Freunden untreu, wenn ich ihnen als Veränderter begegne? Oder gehört die Wandlung zur Treue dazu? Es wäre ja einfacher zu bleiben, wie man ist. Aber gerade da fängt wohl die Untreue an. Ich muss mich wandeln, wenn ich mir treu bleiben will.«
Otto und Felicitas Betz

»Nur von Verwandelten können Wandlungen ausgehen.«
Sören Kierkegaard

Beten ist werden

»Das Leben ist nicht ein Frommsein,
sondern ein Frommwerden,
nicht ein Gesundsein, sondern ein Gesundwerden,
überhaupt nicht ein Wesen, sondern ein Werden,
nicht eine Ruhe, sondern eine Übung.
Wir sind's noch nicht, wir werden's aber.
Es ist noch nicht getan und geschehen,
es ist aber im Schwang.
Es ist nicht das Ende, es ist aber der Weg.«
MARTIN LUTHER

Wenn Sie gestern ein wenig den Blick zurück auf diese Tage getan haben, so möchten wir Sie heute einladen, den Blick ein wenig vorauszuwerfen. KLAUS HOFFMANN, *ein deutscher Liedermacher, hat ein Lied geschrieben mit dem Titel »Um zu werden, was du bist«. Welchen nächsten Schritt können Sie in Ihrem Leben gehen, um zu »werden, was du bist«? Gibt es etwas, was Sie sich nach diesen Tagen vornehmen? Was würde Ihnen dabei helfen? Und was könnte Sie daran hindern, Sie davon abbringen?? Am besten wäre es, wenn Sie es sich aufschreiben. Und Sie wissen ja, wie ein guter Vorsatz sein sollte: Konkret, realistisch, zeitlich terminiert.*

»Betend
also gewohnt
in den Wüsten zu wohnen
Durststrecken zu durchstehen
von jeher
halten wir stand

wir haben den längeren Atem
wir haben die größere Hoffnung

Betend
also mit anderen Augen
sehen wir manchmal ein Zeichen
auf den Zusammenhang weisend
sehen vor Tag
ein wenig schon
wie ein Licht
das verheißene Land

Betend
also denkend das Undenkbare
folgen wir der Spur
halten Schritt mühsam
mit dem der vorangeht
durch Wasser und Wüste
der möglich macht das Unmögliche
der Leben wirkt
aus dem Tod«
LOTHAR ZENETTI

»Wenn man seinen Tag beginnt mit einem Gebet, hat man mehr Kraft
für alle seine Aufgaben. Wenn man den Tag beschließt mit einem
Gebet und alle Last des vergangenen, alle Sorgen des kommenden
Tages vor Gott bringt, hat man mehr Kraft zum Ruhen und zum Schlafen. Kurzum: Man wird mit seiner Zeit besser fertig, wenn man mit
der Ewigkeit vertraut ist.«
HANS SCHOMERUS

Beten ist sein

Der letzte Tag unserer Exerzitien im Alltag – und sozusagen der Schlussakkord: Beten ist sein. Es ist die Einladung, der wir in den vergangenen Wochen nachgespürt haben, unser ganzes Leben vor Gott zu bringen, es in seinem Licht zu sehen, unseren Alltag und unser Sein zum Gebet werden zu lassen. So ist wohl auch die Bibelstelle zu verstehen: »Betet ohne Unterlass!« (1 Thessalonicher 5,17). Es geht nicht darum, pausenlos Gebete vor sich hin zu murmeln, sondern darum, mein Leben zum Gebet werden zu lassen. Beten ist sein ... – Lassen wir zum Abschluss zwei große Theologen zu Wort kommen:

»Bete den Alltag! Bitte um diese hohe Kunst des christlichen Lebens, die deshalb so schwierig ist, weil sie so einfach ist. Gebet im Alltag, Gebet des Alltags. Wenn unser Alltag ein vom Gebet begleiteter und selbst gebeteter Alltag ist, dann münden diese armen vergänglichen Tage unseres Lebens, die Tage der Gewöhnlichkeit und der banalen Bitterkeit, die Tage, die immer gleich gleichgültig und mühsam sind, in den einen Tag Gottes, in den großen Tag, der keinen Abend kennt. Diesem Tag lasst uns alle Tage unseres Lebens entgegenbeten!«
KARL RAHNER

»Es lohnt sich, Mensch zu sein. Gott wollte einer sein. Wir sind keine anonyme Herde, die richtungslos ihrem Untergang entgegengeht. Gott wohnt der menschlichen Tragödie nicht gefühllos bei. Er geht in sie ein, nimmt an ihr teil und offenbart uns: Es lohnt sich, das Leben, so wie wir es kennen, zu leben: monoton, anonym, arbeitsreich, jedoch treu im Bestreben, täglich etwas besser zu werden, anspruchsvoll in der Geduld mit uns selbst und mit den anderen, stark im Ertragen der Widersprüche und weise, um aus ihnen zu lernen.«
LEONARDO BOFF

Den Alltag beten – und im Alltag betend sein: Mit dieser Zuversicht können wir leben!

»Wenn Sie mich nun fragen sollten, bevor ich jetzt gehe, endgültig gehe, ob ich nicht einen Zauberschlüssel kenne, der einem das letzte Tor zur Weisheit des Lebens erschließen könne, dann würde ich Ihnen antworten: Ja! Und zwar ist dieser Zauberschlüssel nicht die Reflexion, wie Sie es von einem Philosophen erwarten möchten, sondern das Gebet. Das Gebet als letzte Hingabe gefasst, macht still, macht kindlich, macht objektiv.

Die großen Dinge des Daseins werden nur den betenden Geistern geschenkt.«
Peter Wust

»Heute ist der erste Tag der Zeit,
die uns noch zum Leben bleibt.
Es ist der letzte Tag der Zeit,
die wir bisher gelebt haben.
Lasst uns beides leben –
den neuen Anfang und das Ende,
frisch und unbefangen wie am Anfang,
und so bewusst,
als stünden wir an unserem Ende.
Gottes Liebe wird bei uns sein
in allem, was wir tun.«
Kirchentag Nürnberg 1979

4

Gebete und Texte für den Abschluss der »stillen zeit«

✑

Gebete und Texte für den Tagesschluss

So, wie es wichtig ist, einen bewussten Anfang zu setzen, so sollte die »stille zeit« auch bewusst beendet werden. Wer möchte, kann sich nach den Erfahrungen mit dem jeweiligen Tagesimpuls einige Gedanken und Fragen notieren. Manchmal kann es auch gut sein, ein Wort, einen Gedanken, eine Frage auf einen Zettel zu schreiben und mit in den Tag zu nehmen.

All das kann auch in einem freien Gebet vor Gott gebracht werden – dabei kommt es nicht auf die perfekte Ausformulierung an, sondern eher darauf, das, was mich jetzt beschäftigt und bewegt, Gott hinzuhalten. Das kann durchaus in dem Bewusstsein geschehen, dass Gott sich durch mein Stammeln und Stottern hindurchhört.

Man kann die eigenen Fragen und Anliegen, das Suchen und Hoffen, auch in jenem Gebet zum Ausdruck bringen, das Jesus selbst seine Jünger gelehrt hat, dem Vaterunser.

Schön wären auch folgende Gebete:

»Atme in mir, du Heiliger Geist, dass ich Heiliges denke.
Treibe mich, du Heiliger Geist, dass ich Heiliges tue.
Locke mich, du Heiliger Geist, dass ich Heiliges liebe.
Stärke mich, du Heiliger Geist, dass ich Heiliges hüte.
Hüte mich, du Heiliger Geist, dass ich das Heilige nimmer verliere.«
GOTTESLOB NR. 4, (6) –
DEM HL. AUGUSTINUS ZUGESCHRIEBEN

oder:

»Gott,
dieser Tag
und was er bringen mag,
sei mir aus deiner Hand gegeben:
Du bist der Weg, die Wahrheit und das Leben.

Du bist der Weg:
Ich will ihn gehen.
Du bist die Wahrheit:
Ich will sie sehen.
Du bist das Leben:
Mag mich umwehen
Leid und Kühle,
Glück und Glut,
alles ist gut,
so wie es kommt.
Gib, dass es frommt!
In deinem Namen
beginne ich. Amen.«
QUELLE UNBEKANNT

Ich beende die »stille zeit« mit einem bewussten Zeichen, dem »Ehre
sei dem Vater und dem Sohn und dem Heiligen Geist«, dem Kreuzzeichen und/oder einer Verneigung.

Es kann sein, dass Sie während der »Exerzitien im Alltag« Lust daran bekommen, den Tag sehr bewusst vor dem Schlafengehen zu beschließen. Das kann Ihren Weg in dieser Zeit durchaus positiv unterstützen.

Auch hier bieten sich mehrere Alternativen an, je nach Ihren persönlichen Möglichkeiten.

(1) Ich mache das Kreuzzeichen und werde mir der Nähe Gottes bewusst. Ich überlege, wofür ich Gott an diesem Tag besonders danken will, bitte um seinen Schutz in der kommenden Nacht und schließe mit dem Vaterunser und dem Kreuzzeichen.

(2) Ich nehme mir etwas mehr Zeit und lasse nach dem Kreuzzeichen den Tag noch mal Revue passieren, lese eventuell noch einmal die Texte des *Tagesimpulses* und notiere mir einige Gedanken oder Fragen des heutigen Tages. Daraus formuliere ich ein freies Gebet oder bleibe einige Minuten in der Stille, um dann mit dem Vaterunser und dem Kreuzzeichen den Tag zu beschließen.

(3) Das klassische Nachtgebet der Kirche ist die »Komplet« als Teil des Stundengebetes. Wer sich einmal in den Reichtum dieses Gebetsschatzes »hineingebetet« hat, dem werden die Texte und Psalmen dieser Gebetszeit zu vertrauten Weggefährten.

Warum nicht einmal eine Woche lang sich in dieser Gebetsform einüben? Einfach mal Erfahrungen damit sammeln?

Die Komplet des Sonntags finden Sie im Gotteslob Nr. 695 bis Nr. 700 mit den entsprechenden Querverweisen. In die Komplet kann man eine »Gewissenserforschung« (Tagesrückblick) integrieren – und statt des vorgeschlagenen Bibeltextes können regelmäßige Bibelleser »ihren« Text wählen.

Die Sonntagskomplet kann an jedem Wochentag gebetet werden, es gibt aber auch für jeden Wochentag noch mal eigene Texte. Die findet man im kleinen oder großen »Stundenbuch«. Sollten Sie an diesen Texten interessiert sein, fragen Sie in Ihrer Pfarrgemeinde nach.

(4) Ich bete ein Abendgebet oder ein Abendlied (vgl. Gotteslob Nr. 701 bis 705) oder eines der Gebete auf den folgenden Seiten.

Grundsätzlich gilt auch für den *Tagesabschluss*, sofern Sie ihn machen möchten, die Empfehlung: nicht jeden Tag etwas Neues ausprobieren, sondern sich für eine Form entscheiden und diese für eine gewisse Zeit beibehalten.

»Gott,
ich komme, um bei dir still zu werden.
Ein Teil von mir sitzt hier und betet,
ein anderer Teil plant für den morgigen Tag.

Beten macht mir Mühe,
Stille halten fällt mir schwer.

Herr, hier bin ich.
Nimm mir meine Hast und Unruhe.
Ich atme deine Stille in mich hinein.

Gott, hörst du mich?
Erhörst du mich?

Du hörst
Leises und Lautes.
Du hörst mir zu.

Ich höre dir zu.«
NACH M. FRIGGER

»Bleibe bei uns, Herr,
denn es will Abend werden,
und der Tag hat sich geneigt.

Bleibe bei uns und bei allen Menschen.
Bleibe bei uns am Abend des Tages,
am Abend des Lebens, am Abend der Welt.

Bleibe bei uns mit deiner Gnade und Güte,
mit deinem Wort und Sakrament,
mit deinem Trost und Segen.

Bleibe bei uns, wenn über uns kommt
die Nacht der Trübsal und Angst,
die Nacht des Zweifels und der Anfechtung,
die Nacht des bitteren Todes.

Bleibe bei uns
in Zeit und Ewigkeit.«

KIRCHENGEBET

⌁

»Diesen Tag leg ich zurück in deine Hände,
Gott, denn du gabst ihn mir.
Du bist doch der Zeiten Ursprung und ihr Ende,
ich vertraue dir.
Kommen dunkle Schatten über die Welt,
wenn die Angst zu leben mich plötzlich befällt:
Du machst das Dunkel hell.
Ist mir heute gelungen,
was ich mir erträumt habe?
Und wer kann es zählen,
was ich versäumt habe?

Du nimmst die Schuld von mir.
Wie viele Worte blieben besser ungesagt?
Wann habe ich gedankt und wie oft nur geklagt?
Du weißt ja, wie ich bin.

Scheint mir auch das Leben oft ohne Sinn,
frag ich mich manchmal: Wo führt es hin?
Du kennst meinen Weg.

So lege ich diesen Tag
zurück in deine Hände, Gott,
denn du gabst ihn mir.
Du bist doch der Zeiten Ursprung und ihr Ende,
ich vertraue dir.«
NACH EINEM LIEDTEXT

✢

MARTIN LUTHERS Abendsegen

»Des Abends, wenn du zu Bett gehst,
kannst du dich segnen mit dem Zeichen
des heiligen Kreuzes und sagen:

Das walte Gott Vater, Sohn und Heiliger Geist! Amen.

Darauf kniend oder stehend das Glaubensbekenntnis
und das Vaterunser.
Willst du, so kannst du dies Gebet dazu sprechen:

Ich danke dir, mein himmlischer Vater,
durch Jesus Christus, deinen lieben Sohn,
dass du mich diesen Tag gnädiglich behütet hast,
und bitte dich,
du wollest mir vergeben alle meine Sünde,

wo ich Unrecht getan habe,

und mich diese Nacht auch gnädiglich behüten.

Denn ich befehle mich, meinen Leib und Seele

Und alles in deine Hände.

Dein heiliger Engel sei mit mir,

dass der böse Feind keine Macht an mir finde.

Alsdann flugs und fröhlich geschlafen.«

✧

»Herr, ich danke dir für diesen Tag. Verzeih mir, wenn ich ihn nicht ganz in deinem Geist gelebt habe, so nimm wenigstens meinen zaghaften Versuch, mein Bemühen.

Ich danke dir, dass ich gesund geblieben bin und dass mir nichts passiert ist. Entschuldige, wenn ich anderen Unrecht getan habe.

Ich danke dir für die Aufgaben, die dieser Tag von mir forderte und an denen ich meine Kräfte und meine Ausdauer erproben konnte. Entschuldige, wenn ich nicht alles so getan habe, wie es hätte sein müssen.

Ich danke dir für meine Mitmenschen in der Familie und überall: für ihr Lächeln, ihre freundlichen Worte, ihr Zuhören und dafür, dass sie mich ertragen haben. Entschuldige, wenn ich rücksichtslos und lieblos gegen sie war.

Ich danke dir für die Freude an allem Guten, das mir heute begegnet ist. Entschuldige, wenn ich durch mein Verhalten die Freude anderer verdorben habe.

Ich danke dir für die Hoffnung nach jeder Niederlage. Entschuldige, wenn ich anderen eine Enttäuschung bereitet habe.

Ich danke dir für den Trost in allem Schönen, an dem mein Leben trotz aller Mühseligkeiten und Widersprüche so reich ist. Lass auch die anderen diesen Trost finden.

Gott, ich danke dir für diesen Tag: Für das Gute, das ich mit deiner Hilfe getan habe.

Ich bitte um Verzeihung: für die Schuld, die ich auf mich geladen habe. – Lass mich in dir geborgen sein.«

FRANZ VON SALES

»Am Abend dieses Tages
suche ich Ruhe und Frieden bei dir,
meinem Gott und Schöpfer.
Zu dir kann ich kommen,
mit allem, was ich auf dem Herzen habe.
Bei dir muss ich mich nicht besser und größer,
aber auch nicht schlechter und kleiner machen
als ich wirklich bin.
Du nimmst mich mit all dem, was zu mir gehört,
was ich mit mir herumschleppe
und was ich vor mir herschiebe.
So wie ich bin, nimmst du mich an,
ohne jede Vorleistung und Rechtfertigung.
Vor dir kann ich meine Lasten ablegen,
nichts ist für dich unwichtig oder zu gering.
Du siehst, wie mir zumute ist,
was mich ängstigt und ärgert,
was mich freut und mir hilft,
was mir weh und was mir gut tut.
Dir kann ich alles sagen und ans Herz legen.
Meine unsichtbaren Habseligkeiten,
meine ganze Erbärmlichkeit und Armseligkeit
darf ich dir bringen.
Meine Unzufriedenheit und meine Dankbarkeit,
meine Ungeduld und meinen Missmut,
auch meine Schuld möchte ich dir überlassen.
So berge ich mich in die Obhut deiner Güte
und in den Schutz deines Erbarmens.
Da bin ich getrost und geborgen.«
Paul Weismantel

Nachwort

Lieber Leser, liebe Leserin,
miteinander sind wir am Ende eines Weges angelangt. Manche mögen ein wenig traurig sein, dass nun die täglichen Impulse fehlen, andere mögen erleichtert sein, weil es manchmal vielleicht doch Anstrengung und Disziplin gekostet hat, »dranzubleiben«. Aber es ist auch gut, dass nun wieder der Alltag einkehrt – das, was einem in solchen »Aus-Zeiten« wichtig geworden ist, muss sich schließlich darin bewähren.

In dem Punkt haben es die Teilnehmer bei »Exerzitien im Alltag« leichter als jemand, der sich zu Exerzitien in ein Kloster zurückzieht – manches mag sich bereits in den vergangenen Tagen und Wochen in ihrem konkreten Alltag bewährt haben und dann mag es leichter fallen, dies nun auch beizubehalten.

Es wäre schön, wenn Sie sich auch weiterhin einmal am Tag eine »stille zeit« gönnen könnten und würden, ein Innehalten mitten im Alltag, eine Zeit, an Gott zu denken. Es muss ja nicht gleich eine halbe Stunde sein! Vielleicht ist Ihnen ein Gebet wichtig geworden, vielleicht hat Ihnen ein Text besonders gut gefallen – dann »nehmen« Sie es doch einfach mit in Ihren Alltag! Manchmal kann ein solcher Perspektivwechsel, ein solches Innehalten dabei helfen, die großen Linien im Blick zu behalten und sich nicht in den Kleinigkeiten des Alltags zu verlieren.

Falls Sie daran Interesse gefunden haben, sich weiter mit dem Thema »Beten« zu befassen, möchte ich Sie auf das ausführliche Quellenverzeichnis verweisen, in dem zahlreiche empfehlenswerte Bücher aufgeführt sind, aus denen wir auch Texte entnommen haben. Oder Sie fragen den Seelsorger oder die Seelsorgerin in Ihrer Gemeinde nach geeigneter Literatur.

Dort kann Ihnen sicher auch weitergeholfen werden, wenn Sie

wieder einmal solche »Exerzitien im Alltag« machen möchten. Viele Diözesen bieten Materialien dafür an – oft lohnt auch ein Blick auf die entsprechenden Internetseiten.

Ein letztes Rätsel mag ich am Ende dieses Buches noch auflösen: Als wir diese »Exerzitien im Alltag« hier in Viernheim durchführten, wurde ich oft gefragt, wie denn die Verben und die entsprechende Reihenfolge zustande gekommen sei. Im Herbst 2000 leitete ich zusammen mit zwei Kollegen Exerzitien für die Frauen der KAB (Kath. Arbeitnehmerbewegung) in der Diözese Würzburg. An einem Abend haben wir uns einfach mal zusammengesetzt und ca. 60 Verben gesammelt. Die haben wir dann auf 37 reduziert (das war die benötigte Anzahl für die Zeit vom 1. Dezember bis zum 6. Januar, in der die »Exerzitien« stattfinden sollten), indem wir ähnliche Verben zusammenfassten und die Verben weg ließen, die man herkömmlich mit dem »Beten« verbindet, also »loben, preisen, bitten, danken«. Dann haben wir diese Verben auf kleine Kärtchen geschrieben, die wir dann so lange hin und her geschoben haben, bis sich für uns eine »innere Logik«, ein eigener Weg ergeben hat.

Ich hoffe, dass sich auch für Sie solch ein Weg ergeben hat – darüber würde ich mich freuen!

Möge Gott Sie auf Ihren Alltagswegen begleiten, damit Ihr Leben ein Gebet vor Gott ist – das wünsche ich Ihnen von ganzem Herzen!

Viernheim, den 17. April 2002

ANDREA SCHWARZ

Quellenverzeichnis

Bei den Texten im 2. und 4. Kapitel können die Quellen teilweise nicht angegeben werden, da sie in der herkömmlichen Literatur zu solchen »Exerzitien im Alltag« sehr verbreitet sind.

1 PRAKTISCHES

Ulrich Schaffer, *Wenn sich in dir alles zubereitet*, aus: Ders., Neues umarmen. Kreuz Verlag, Stuttgart 1984.

2 DER BEGINN DER »STILLEN ZEIT«

Alois Albrecht, *Mich loszulassen, Herr, bin ich hier*, aus: Quelle leider unbekannt.

3 TAGESIMPULSE

Zeige mir, wie ich beten kann, aus: Hubertus Halbfas, Der Sprung in den Brunnen – eine Gebetsschule. © Patmos Verlag, Düsseldorf.

1. Tag: *Ist in jedem Beten ...?*, aus: Die Bischöfe der Niederlande: Beten; in der Heftreihe der action 365: »Themen des Glaubens«, Dezember 1977.

2. Tag: Leo Karrer, *Auf den ersten Blick ...*, aus: Ders., Der große Atem des Lebens. Verlag Herder, Freiburg i. Br. 1996. – Jörg Zink, *Schweigen möchte ich, Gott*, aus: Ders., Wie wir beten können. Kreuz Verlag, Stuttgart 1990.

3. Tag: Anthony de Mello, *Das Gebet des Frosches*, aus: Ders., Warum der Schäfer jedes Wetter liebt. Verlag Herder, Freiburg i. Br. 1988. – Bernhard Häring, *O großer und wunderbarer Gott*, aus: Ders., Ich bete, um zu leben. Styria Verlag, Innsbruck 1996.

4. Tag: Jörg Zink, »*Mystik*«..., aus: Ders., Dornen können Rosen tragen. Mystik – Die Zukunft des Christentums. Kreuz Verlag, Stuttgart 1997.

5. Tag: Marie Luise Kaschnitz, *Verlangen wirst Du*, aus: Dies., Überallnie. Ausgewählte Gedichte 1928–1965. © 1965 Claassen Verlag, jetzt München.

6. Tag: Anselm Grün, *Das Gebet stellt uns vor Gott*, aus: Ders., Gebet und Selbsterkenntnis. © Vier-Türme-Verlag, Münsterschwarzach 11. Auflage.

7. Tag: Leo Karrer, *Mit dem Plädoyer für Stille*, aus: Ders., Der große Atem des Lebens, aaO.

8. Tag: Ursula Wölfel, *Ein Junge kam nach Hause*, aus: Dies., Spuren des Lebens – Biblische Texte, Gebete und Betrachtungen. Hrsg. v. W. Koeppen, R. Spennhoff und W. Wolf. Verlag Kath. Bibelwerk, Stuttgart 3. Auflage 1998. – Hubertus Halbfas, *Es gibt Vielerlei*, aus: Ders., Der Sprung in den Brunnen – eine Gebetsschule. © Patmos Verlag, Düsseldorf.

9. Tag: Günter Kunert, *Ich bin ein Sucher*, aus: Ders., Erinnerungen an einen Planeten. © 1963 Carl Hanser Verlag, München – Wien. – Henri J. M. Nouwen, *Guter Gott, ich weiß nicht*, aus: Ders., Mit offenen Händen – Unser Leben als Gebet. Verlag Herder, Freiburg i. Br. 1996.

10. Tag: *Abraham, komm heraus*, Meditation zu Gen 12,1–3 aus: Spuren des Lebens – Biblische Texte, Gebete und Betrachtungen, aaO. – F. K. Barth/ G. Grenz/P. Horst, *Gott, du bist uns voraus*, aus: Dies., Gottesdienst menschlich. Peter Hammer Verlag, Wuppertal Neuauflage Gesamtausgabe 2001.

11. Tag: Jean Vanier, *Das ist etwas Neues*, aus: Ders., Heile, was gebrochen ist. Verlag Herder, Freiburg i. Br. 2. Auflage 1991. – Anton Rotzetter, *Eine Schale will ich sein*, aus: Ders. Gott, der mich atmen lässt. Verlag Herder, Freiburg i. Br., Neuausgabe 2001.

12. Tag: Hermann Multhaupt, *Wir gehen, Herr*, aus: T. und H. Multhaupt, Auf dem Weg nach Hause. Bergmoser + Höller Verlag, Aachen.

13. Tag: Romano Guardini, *Wir haben davon gesprochen*, aus: Ders., Von heiligen Zeichen. Matthias-Grünewald-Verlag, Mainz 5. Taschenbuchauflage 2002, S.24f. Alle Autorenrechte liegen bei der Kathol. Akademie in Bayern. – Martin Gutl, *Gott! An jenem Tag*, aus: M. Gutl/W. v. d. Kallen, Du Quelle in der Wüste. Styria Verlag, Innsbruck 1987.

14. Tag: Kurt Marti, *Wenn die Bücher aufgetan werden*, aus: Ders., Werkauswahl in fünf Bänden, in: Namenszug mit Mond. Gedichte. Verlag Nagel & Kimche AG, Zürich © 1996. – Dieter Trautwein, *Wir bitten, Herr, um deinen Geist*. Burckhardthaus-Laetare Verlag, Offenbach.

15. Tag: William Saroyan, *Ein Mann besaß ein Cello*, aus: Ders., Armenische Fabeln. Aus dem Englischen übertragen von Maria Dessauer. © 1957 Sans-

souci Verlag, Zürich. – Will Lambert, *Gebetsweisen* ..., aus: Ders., Beten im
Pulsschlag des Lebens. Verlag Herder, Freiburg i. Br. 1997. – Anton Rotzetter,
Nach den Gründen fragen, aus: Ders., Gott, der mich atmen lässt, aaO.

16. Tag: Eva Zeller, *P.S.*, aus: Quelle leider unbekannt.

17. Tag: Rainer Maria Rilke, *Ich sprach von dir* ..., aus: Ders., Werke, Band 6.
Insel Verlag, Frankfurt/M. 1975. – Antje S. Naegeli, *Heimweh nach unserem*
Ursprung, aus: Dies., Die Nacht ist voller Sterne. Verlag Herder, Freiburg
i. Br. 12. Auflage 1997.

18. Tag: Ernst Lange, *Man darf den so genannten Realisten* ..., aus: Predigt-
studien I/2. Kreuz Verlag, Stuttgart. © Autor. – Karl Heinz Schmitt, *Gott des*
Lebens, aus: Stimmen der Sehnsucht. Aus: LeseBuch des 20. Jahrhunderts,
hrsg. v. Deutschen Katecheten Verein, München 2000, 178.

19. Tag: Bischof Franz Kamphaus, »*Du bist mein Atem* ...«, aus: Ders. Brief
an die Gemeinden im Bistum Limburg zur österlichen Bußzeit 1999.

20. Tag: Kurt Marti, *Dass immer alles* ..., aus: Ders., O Gott! Lachen, wei-
nen, lieben. © 1995 by Radius Verlag, Olgastr. 114, 70180 Stuttgart.
– Anthony de Mello, *Es war zur festen Gewohnheit geworden*, aus: Ders.,
Warum der Schäfer jedes Wetter liebt, aaO. – Drutmar Cremer, *Gebet der*
Giraffe, aus: Ders., Ich preise dich, Herr, darum hüpfe ich. Beuroner Kunst-
verlag, Beuron 1986.

21. Tag: Doris Lindenblatt, *Schenke uns* ..., aus: Dies., Komm, lass uns
Netze knüpfen. Verlag Herder, Freiburg i. Br. 1990.

22. Tag: Nikos Kazantzakis, *Gott ließ Tag werden*, aus: Ders., Mein Franz
von Assisi. © 1979 by A. Herbig Verlagsbuchhandlung GmbH, München,
aus dem Neugriechischen übertragen von Helmut von Steinen.

23. Tag: Johannes Hansen, *Feiert mit mir* ..., aus: Ders., Nach dem Dunkel
kommt ein neuer Morgen – Psalmmeditationen. Kawohl-Verlag, Wesel. –
Thiago de Mellho, *Art. 1* ..., aus: Ders., Gesang der bewaffneten Liebe.
Peter Hammer Verlag, Wuppertal 1976.

24. Tag: Elie Wiesel, *Bei einem der Nachbarn*, aus: Ders., Geschichten gegen
die Melancholie – Die Weisheit der chassidischen Meister. Verlag Herder,
Freiburg i. Br. 1994. – Leo Karrer, *Jeder Mensch bräuchte...*, aus Ders., Der
große Atem des Lebens, aaO. – Anton Rotzetter, *Mein Gott* ..., aus: Ders.,
Gott, der mich atmen lässt, aaO.

25. Tag: Franz Jalics, *Deshalb ändere ich meine Haltung*, aus: Ders., Lernen wir beten. Echter Verlag, Würzburg 1996. – Anton Rotzetter, *Wo bist du, Gott?*, aus: Ders., Gott, der mich atmen lässt, aaO.

26. Tag: Martin Gutl, *Gezähmte Beter*, aus: M. Gutl/W. v. d. Kallen, Du Quelle in der Wüste, aaO.

27. Tag: Dietrich Bonhoeffer, *Um es deutlich zu sagen*, aus: Ders., Widerstand und Ergebung. Chr. Kaiser/Gütersloher Verlagshaus, Gütersloh. – Henri J. M. Nouwen, *Beten ist Leben*, aus: Ders., Mit offenen Händen – Unser Leben als Gebet, aaO.

28. Tag: Anselm Grün, *Im Glauben versuche ich*, aus: Ders., Glauben als Umdeuten. Münsterschwarzacher Kleinschriftenreihe, Nr. 32. © Vier-Türme-Verlag, Münsterschwarzach. – Lothar Zenetti, *Menschen ...*, aus: Ders., Auf Seiner Spur. Topos plus 327. © Matthias-Grünewald-Verlag, Mainz 2. Aufl. 2001.

29. Tag: Abraham Joshua Heschel, *Ich kam mit großem Wissensdurst*, aus: Ders., Der Mensch fragt nach Gott. Neukirchener Verlag, Neukirchen-Vluyn, S. 67f.

30. Tag: Fulbert Steffensky, *Diese Sprache verträgt ...*, aus: Ders., Das Haus, das die Träume verwaltet. Echter Verlag, Würzburg ⁵1999. – Romano Guardini, *Es kann sein*, aus: Ders., Vorschule des Betens. Matthias-Grünewald-Verlag/Verlag F. Schöningh, Mainz/Paderborn 1986.

31. Tag: Fulbert Steffensky, *Jetzt aber ...*, aus: Ders., Wo der Glaube wohnen kann. Kreuz Verlag, Stuttgart 1989. – Fulbert Steffensky, *Man kann sich nicht ...*, aus: Ders., Das Haus, das die Träume verwaltet. Echter Verlag, Würzburg 1998. – Anthony de Mello, *Großmutter ...*, aus: Ders., Warum der Schäfer jedes Wetter liebt, aaO.

32. Tag: Lothar Zenetti, *Was Jesus für mich ist?*, aus: Ders., Auf Seiner Spur. Topos plus 327. © Matthias-Grünewald-Verlag, Mainz 2. Aufl. 2001. – Hans W. Räbiger, *Da lebten zwei fromme Mönche*. © Autor.

33. Tag: Anthony de Mello, *Ein Schüler kam ...*, aus: Ders., Warum der Schäfer jedes Wetter liebt, aaO. – Paul Gerhard Müller, *Gütiger Vater ...*, aus: Quelle leider unbekannt.

34. Tag: Rose Ausländer, *Regenbogen II*, aus: Dies., Ich höre das Herz des Oleanders. Gedichte 1977–79. S. Fischer Verlag, Frankfurt/M. 1984.

35. Tag: Lothar Zenetti, *Manchem ist dieses Wort verdächtig*, aus: Ders., Auf
Seiner Spur. Topos plus 327. © Matthias-Grünewald-Verlag, Mainz 2. Aufl.
2001. – Fulbert Steffensky, *Wie vielleicht keine andere ...*, aus: Ders., Das
Haus, das die Träume verwaltet, aaO.

36. Tag: Henri J. M. Nouwen, *Beten heißt ...*, aus: Ders., Mit offenen Händen
– Unser Leben als Gebet, aaO.

37. Tag: Herbert Haag, *Eine Aufgabe ...*, aus: Ders., Wanderung und Wandlung. Don Bosco Verlag, München 1973. – Lothar Zenetti, *Ich schaue lieber
aus*, aus: Quelle leider unbekannt.

38. Tag: Anselm Grün, *Verwandlung meint*, aus: Quelle leider unbekannt.
– Otto und Felicitas Betz, *Wie kann ich mir ...*, in: Spuren des Lebens.
Biblische Texte, Gebete und Betrachtungen, aaO.

39. Tag: Lothar Zenetti, *Betend*, aus: Ders., Auf Seiner Spur. Topos plus 327.
© Matthias-Grünewald-Verlag, Mainz 2. Aufl. 2001. – Hans Schomerus,
Wenn man seinen Tag beginnt, aus: Quelle leider unbekannt.

40. Tag: Leonardo Boff, *Es lohnt sich ...*, aus: Ders., Mensch geworden.
Verlag Herder, Freiburg i. Br. 1988. – Peter Wust, *Wenn Sie mich nun fragen
sollten*, in: Die Weisheit wächst wie ein Baum, hrsg. v. Werner Braselmann.
Verlag Herder, Freiburg i. Br. 1992. – *Heute ist der erste Tag ...*: Text des
Kirchentages 1979, Morgengebet zum Tag am 14.6.79, zitiert nach:
J. Feige/R. Spennhoff, Wege entdecken. Aussaat Verlag, Neukirchen-Vluyn,
5. Auflage 1998.

Leider konnten nicht bei allen Texten Verfasser und/oder Quellenangabe
ermittelt werden. Für etwaige Hinweise sind wir dankbar. Diese Texte sind
gekennzeichnet mit »Quelle unbekannt« oder deren Erstveröffentlichung
konnte nicht ausfindig gemacht werden.

Alle Texte und Gebete ohne Verfasserangaben sind von Andrea Schwarz.

Dem Leben eine Wohnung geben –
das »Haus des Lebens« in Viernheim

Das »Haus des Lebens« will einen Schutz- und Lebensraum für Frauen in Schwangerschaftskonfliktsituationen anbieten, unabhängig von deren Herkunft oder Religion. Dabei geht es vor allem um Frauen, die vor der Entscheidung zwischen einem »Ja« zu ihrem Kind oder einem Schwangerschaftsabbruch stehen. Die Frauen sollen erfahren, dass sie hier mit ihren Nöten und Problemen ernst genommen werden und angenommen sind. Die Frauen sollen ermutigt werden, ein »Ja« zum ungeborenen Leben zu sagen und sollen die notwendige Unterstützung bekommen, die sie brauchen. Jede Frau entscheidet dabei frei, ob sie in einer Form von Begleitung ihre persönlichen Lebensfragen und Probleme bearbeitet oder ob sie sich für einen begrenzten Zeitraum in das »Haus des Lebens« zurückziehen will. Dort stehen drei Wohnungen zur Verfügung, die einzeln oder doppelt von den Frauen belegt werden können. Begleitet und unterstützt werden die Frauen von zwei Ordensschwestern, außerdem von einem Kreis fachlich-professioneller Mitarbeiter, die bei Bedarf hinzugezogen werden. Mit den Frauen werden jeweils individuelle Lösungen für ihre jeweilige Lebenssituation erarbeitet.

Darüber hinaus soll Frauen, die schon einen Schwangerschaftsabbruch hinter sich haben, eine Möglichkeit der Trauerarbeit und Aufarbeitung angeboten werden.

Die Arbeit im »Haus des Lebens« geschieht sehr bewusst auf einem spirituell-christlichen Hintergrund. Der Gott, an den die Christen glauben, ist ein Gott, der das Leben will – deshalb ist jedes Leben schützenswert. Jeder Mensch ist ein Abbild Gottes und von ihm ins Leben gerufen. Christen und Kirche müssen sich deshalb zum Anwalt derer machen, denen Leben abgesprochen wird. Dabei sollen aber auch die oft bedrängenden Situationen betroffener Frauen wahr- und ernst genommen werden.

Das »Haus des Lebens« in Viernheim ist eingebunden in das »Netzwerk Leben«, einer Aktion der Diözese Mainz. Träger des »Haus des Lebens« ist ein eingetragener Verein mit den drei katholischen Pfarrgemeinden St. Aposteln, St. Hildegard und St. Michael in Viernheim, dem Orden der Clemensschwestern in Münster, dem Caritasverband und der Diözese Mainz.

Begleitet wird das Projekt unter anderem durch Pfr. Angelo Stipinovich und Andrea Schwarz.

Nähere Informationen zum »Haus des Lebens« oder eine Kontaktaufnahme ist möglich über:

Haus des Lebens
Kirschenstr. 52
68519 Viernheim

Tel. 06204/9196800
Fax: 06204/9196801

Ein Teil des Erlöses dieses Buches kommt dem »Haus des Lebens« zugute.

Weitere Bücher von Andrea Schwarz

Am Tag der offenen Himmelstür
Eine jenseitige Geschichte
58 Seiten, illustriert, gebunden mit Schutzumschlag
ISBN 3-451-26484-6

Bunter Faden Zärtlichkeit
15. Auflage, 96 Seiten, Halbleinen
ISBN 3-451-27290-3

Entschieden zur Lebendigkeit
2. Auflage, 128 Seiten, gebunden mit Schutzumschlag
ISBN 3-451-26883-3

Ich bin Lust am Leben
Mit Widersprüchen leben – Spannungen aushalten
8. Auflage, 144 Seiten, gebunden mit Schutzumschlag
ISBN 3-451-22640-5

Ich mag Gänseblümchen
22. Auflage, 96 Seiten, Halbleinen
ISBN 3-451-27364-0

Ich suche und finde das Leben in mir
2. Auflage, 58 Seiten, illustriert, Pappband
ISBN 3-451-23933-7

Kater sind eben so
Neues vom kleinen Drachen Hab-mich-lieb
8. Auflage, 80 Seiten, Pappband
ISBN 3-451-22193-4

Kleine Drachen sind eben so
Die Märchen vom Drachen Hab-mich-lieb
und seinen Freunden
4. Auflage, 160 Seiten, Halbleinen
ISBN 3-451-26460-9

Mich zart berühren lassen von Dir
Ein Hohes Lied der Liebe
3. Auflage, 96 Seiten, Halbleinen
ISBN 3-451-26961-9

Die Sehnsucht ist größer
Vom Weg nach Santiago de Compostela:
ein geistliches Pilgertagebuch
4. Auflage, 192 Seiten, gebunden mit Schutzumschlag
ISBN 3-451-26483-8

Und im Dunkeln strahlt ein Licht
Weihnachtsgedanken
32 Seiten, mit Farbbildern, Pappband
ISBN 3-451-27594-5

Vom Engel, der immer zu spät kam
Meine schönsten Weihnachtsgeschichten
7. Auflage, 128 Seiten, Halbleinen
ISBN 3-451-26461-7

Wenn ich meinem Dunkel traue
Auf der Suche nach Weihnachten
8. Auflage, 120 Seiten, Pappband
ISBN 3-451-27736-X

Wie ein Gebet sei mein Leben
Exerzitien im Alltag
144 Seiten, Paperback
ISBN 3-451-27868-5

ANDREA SCHWARZ / ANGELO STIPINOVICH
Mit Handy, Jeans und Stundenbuch
Persönliche Erfahrungen aus dem pastoralen Alltag
144 Seiten, Paperback
ISBN 3-451-26973-2

ANDREA SCHWARZ / ANGELO STIPINOVICH

Den Stern vor Augen

Gottesdienste, Gebetsmomente, Meditationen
für Advent und Weihnachten

2. Auflage, 160 Seiten, Paperback

ISBN 3-451-27336-5

ANDREA SCHWARZ / ANGELO STIPINOVICH

Wenn der Tod zum Leben wird

Neue Ideen für Gottesdienste und Gemeindefeiern

144 Seiten, Paperback

ISBN 3-451-27708-5

ANSELM GRÜN / ANDREA SCHWARZ

Und alles lassen, weil Er mich nicht lässt

Lebenskultur aus dem Evangelium

7. Auflage, 240 Seiten, Halbleinen

ISBN 3-451-27551-1

In jeder Buchhandlung!

HERDER